文經文庫 286

不補習也能教出金牌兒

徐權鼎◎著

文經社
Taiwan

COSMAX
PUBLISHING Co.
Since 1981

自序　要讓未來的你感謝現在的你

二〇〇六年初，我在文經社出版了第一本書《我這樣教出資優兒》，接下來的幾年，平均每隔一年，我都把與孩子一起成長的經驗再出一本親子教養的新書；所以你現在看到的這本《不補習也能教出金牌兒》，已經是我的第五本書了。

這六年來，十幾萬本的銷售量保守推估，也該有十幾萬的讀者；另外累積五百場以上的公開演講，也該有數萬名的聽眾。很多讀者與聽眾一見到我，就會很熱情的告訴我：「徐老師，謝謝你！」一開始我還真不知該怎麼回答，只會客套的回應：「不客氣」而已。

兩年前，我從住家走路到自己的童裝店途中，不經意的一瞥閃過眼簾，公車側身的幾個大字，竟吸引了我的目光：

「未來的你會謝謝你。」

愚昧的我，納悶了好多天，就是想不通這車廂廣告是在賣什麼？我猜也許是一部電影、一首新歌，還是選舉文宣。最後我問了孩子，才發現我都猜錯了，這只是一家保險業者所做的廣告宣傳。

人無遠慮，必有近憂。因此凡事都該未雨綢繆，這也應證了我之前四本書的中心理念：「先苦後甘，倒吃甘蔗。」

・

去年忙著寫第四本書時，有天下午在店裡趕稿，但電視正轉播台灣之光王建民的棒球比賽，我很想看，但不敢看。只好問太太：

「現在幾比幾了？」

「我哪知道？你關心的話，可以自己看啊！」

「拜託你好不好？快到交稿日了。不行，我要忍住，先別急著吃口香糖。」

「我才要拜託你，明明人家是說：『先別急著吃棉花糖』。」

店裡其他聽到的人都笑開了，但我也不是故意創新，實在是真的忘記什麼糖的，因此脫口而出成了口香糖。

不過這位作者的理念和我不謀而合，就是要提醒讀者該沉得住氣，延遲享樂，收穫更大。書中的四句話哲學，讓我心有戚戚焉，特別提出與讀者分享：

一、成功人的特質，就是成功的人願意做不成功的人不願做的事。

二、從你願意做的那天起，你就向成功邁出了第一步，關鍵是現在。
三、決定未來成功的不是過去，而是現在願不願意付出？
四、要問自己的是：「我願意在今天做些什麼來獲得明天的成功？」

我那兩個孩子的近況，第一個知道的一定是他們的啟蒙老師俞克勤。因為每隔一段時間，我們都會找她「八卦」一下我家的最新消息。

從女兒八年級時，學校老師推薦她參加國際國中科學奧林匹亞代表隊選拔初選開始，一路受老天爺眷顧。她是被推薦三人中唯一的女生，還是非資優生。接著連高中也不必考了，免試上了中山女中。畢業時居然還得了市長獎。

高中之後，她又爭取到全國僅有二十個名額的免費八天七夜日本行，目前是學校大衛糾隊長，很忙、很充實，也學很多。

弟弟也不遑多讓，從去年六月得市長獎後，基測分數也達垂涎已久的建國中學，還沒等到正式分發，旋即又考上建中科學班，高興不到幾天又無預警的上了科學奧林匹亞三十人的培訓營，不到一個月正式成為國家代表隊六員之一。

開學後不久又考上台大物理科學人才培育的招生，每隔週六由教授在台大指導更深入的物理延伸。三個月後在南非得到國中科學奧林匹亞競賽金牌，個人總成績排名世界第二。

這下俞老師忍不住笑了，疑惑的對我說：「怎麼所有的好事都在你家？」我謙虛的說：「幸運啦！」

女兒一聽，在一旁立刻指正我：「那是實力，不是幸運。」

沒錯，沒有之前的努力，幸運怎麼會常常找上他們呢？

・

近來我到各地演講，大家都在談論全世界爆紅的籃壇奇葩林書豪。但我對於父母的好奇更甚於他本人，因為他最厲害的也最不簡單的，就是背後的雙親引導。大家並不了解他的家庭教育模式，只憑記者及名嘴的表面解說，以致誤解甚深。我看了林書豪本人及媽媽的電視訪問後，才略窺一二。

林書豪的爸爸堅持「打球不能影響到功課」，他家對孩子的要求就是「只要把書讀好，打多少球都可以」，讀書退步時就要調整打球時間，可見讀書還是最基本的。他媽媽也認為想打籃球可以，但書先要念好；以後要打職籃也可以，但要有候補職業，否則受傷不能打時怎麼辦？因此林書豪曾親口說：「我們家是讀書第一，打球第二。」

更難得的是林書豪的媽媽關心孩子課業，不是只問「明天功課做完沒有？」而是「下面幾天、下週的功課做完沒有？」如此的教育理念，造就了一位能文能武的「哈佛小子」。

她對教育的想法和我一樣，並非電視上那些名嘴所說的「只是打好球」這麼單純。因此林書豪這位被球團釋出兩次的籃壇棄卒，冷板凳坐得這麼久，依然有這麼強的爆發力及企圖心。他能將哭泣丟到角落，完美留在球場，許多人只看到現在他們一家人的風光，卻無法體會背後的辛酸及努力。

不願先付出，只想要成果，這是一般人通病。很多家長就這樣熬了星星盼月亮，熬過初一等十五。根據報載，九成國中生沒睡飽，考試多、作業多、補習多。很過份的是我兩個孩子每週六、日都是睡到自然醒。不多，只睡十個多鐘頭而已，女兒還特別交代我不准叫她。我出第二本書時，她是睡到雙下巴；現在出第五本書時，她的三下巴就快出來了。

前幾天的晚上九點半，我到捷運站載夜自習回來的女兒，問她：「今晚怎麼留這麼晚？」她說：「因為寫物理參考書寫得很爽，就一直寫下去。」我故意裝不懂再問：「為什麼很爽？」她說：「進度寫在老師的前面，當然很爽，你上一本書上不是這麼寫的嗎？」

我對孩子的學習，要求就是這三件事：一是態度，二是方法，三是習慣。吃錯藥，人參一石；吃對藥，青草一葉。方法錯了，花再多錢也沒用，反之方法對了，也不必花什麼錢。

最近兒子在南非獲得國際奧林匹亞科學競賽金牌的新聞一出來，有位熱心的讀者就打電話來告訴太太：「以前總認為參加這種數理比賽得金牌的孩子，一定是家庭背景顯赫，有雄厚的經濟支撐，但我現在觀念全改了，原來一般家庭也可以。」

可以，當然可以！像我這樣一個國中畢業賣童裝的爸爸都可以做到，還有誰不可以？很多人稱讚我們把孩子功課輔導得很成功，錯！女兒是我輔導她的態度很成功，兒子是我輔導他的情緒很成功；至於分數，那都只是附加價值。

兩個孩子快樂得如鳥翔空，為自己的目標前進，理想的路總是為有信心的人預備著。如果，下次再有人問我：「為什麼好事都在你家？」我會回答他：「因為我們肯花時間和孩子一起成長」。

晴天要存雨天糧，對於看過我的書，聽過我的演講，願意跟我走相同道路的家長，如果你要感謝我，我也會告訴你：

「不用感謝我，要讓未來的你感謝現在的你。」

目次

Part 3

國中老爸教出的金牌兒

Part 4

零至十歲的關鍵教養

Part 5 陪孩子，用心也要用對方法

Part 6 學會當個「變頻父母」

Part 1

不補習，我就是不補習

沒態度，連雷也不理你

姊姊走免試很順利，弟弟不要，結果大考的壓力更大。但他前面幾年歡喜作「樂」，現在就只能甘願受「苦」了。

「爸，告訴你一件事，你心臟要夠強喔！你知道我綜合活動排名在幾ㄆㄚ嗎？」

「百分之十五。」

「再多！」

「百分之二十。」

「不對，一倍。」

什麼？百分之四十？嚇死人！姊姊去年是百分之一，才免試上了中山女高。他輸給姊姊百分之三十九，這種成績要怎麼免試？何況他還是立志非第一志願不讀的人。

所以，當他的在校成績證明單下來後，就直接填放棄單了，因為連前三志願也上不了。他自己在日記上寫著：

「這種分數上建中的機會，簡直比被雷劈到還要小。」

導師的評語跟我想的竟然一模一樣，那就是：

「頗有同感。」

我們家看了大笑，尤其姊姊更是笑翻了，揶揄他運氣不佳。第一階段的北星計畫，他的排名連學校都出不去。第二次機會的新北星計畫，他連資料都直接送回收箱了，但我怕萬一，因為許多事都很難說。

「我們也來被雷打打看，也許還有機會被K到吧？」

我翻了兩、三小時，才在回收箱找到資料，又向其他不申請的同學要了報名表，弄了兩天終於完成遞件。我叫兒子不要想太多，他也說不可能啦！

還好，當初我們就沒抱什麼希望，這次第二關上不了時，也就沒有這麼難過。往者已矣，來者可追，鬱卒也沒用。當務之急唯有專心力拚第三關「北北基大考」（台北、新北、基隆）了。

看到同學一個一個都通過免試，自己還有兩個月要撐，也不知是否撐得住？總分比兒子高的那位同學，甚至寫了一張卡片感謝他：

「真的很謝謝你教我功課，還那麼熱心地幫我找資料，你真是最好的老師了，以後還請多指教。」

把同學送上建中，自己卻在受苦中，又想幫另一位同學上附中，也不知他到底是菩薩心腸？還是泥菩薩過江？

只見兒子每天神情嚴肅、情緒不穩、心浮氣躁，大人的心情也隨之浮沉；但又不能表現出來，免得孩子看到我們的焦慮。他在八年級時，媽媽就提醒他：

「你要用功點，勞作好好做，小考好好考，上課乖一點，才有機會免試上你的建中。」

但他卻依然故我，還說：

「我上個音樂課也要好好唱，上個藝術課也要好好畫，上什麼課都要乖乖坐好。這樣壓力太大，我已經不是我了。」

我聽了只覺得好笑，免試升學就是要看在校成績，誰管你「是我不是我啊」？要走免試這條路，又不聽媽媽的勸告，萬一考不上怎麼辦？他居然回我：

「甘願！」

好吧！甘願就去做，我們尊重孩子的想法，孩子覺得快樂就好。

我在第四本書《我這樣陪孩子走升學路》裡就已提到，不同孩子要走不同路線的升學。對兒子而言，免試如嚼雞肋，食之無味，棄之又可惜。心裡有點想要，又不肯好好配合。

一年之後，面臨殘酷的基測，壓力之大，讓他有點後悔了，又想說還是免試升學比較好；但這世界上是沒有後悔藥可以吃的。其實他非常在意上不上，只是嘴硬，後悔又不敢講。有次讀高一的姊姊，很認真的在做讀書報告的封面。他就笑姊姊：

「時間太多，做那個？」

姊姊也不甘示弱，笑他說：

「你就是當初不花這個時間，所以現在要花更多時間拚基測。」

到這一刻，他才說出心裡的ＯＳ：

「以前只覺得做再好、再漂亮，分數也沒高多少，老師叫我不要調皮搗蛋就好，所以我也就隨便做　做。你在我七、八年級時，對我講這些，我根本聽不進去，但現在ＯＫ啦！」

我曾當面要求兒子，把免試學校下修到第二或第三志願，被雷打到的機會較大，但他也拒絕。我提醒他：

「萬一你拚得要死要活，考出來連前三志願都沒有，我和你媽怕你難過。」

「不會，我自己負責。考不上前三志願，我就把下個目標放在大學。好，你不要再講了，不要干擾我、動搖我，不要浪費我時間，讓我準備吧！」

聽到這裡，我就放心了，只要他自己有心理準備就好，我完全尊重他的決定。到了考前，他說自己壓力超大，快爆了。我約他去打球，他居然對我說：

「不是那種壓力，打了球也沒用。」

這時他像一顆未爆彈，不小心就會引爆，要拆解引線，只能靠大人的智慧了。姊姊走免試很順利，弟弟不要，結果大考的壓力更大。但他前面幾年歡喜作「樂」，現在就只能甘願受「苦」了。就像我第二本書《孩子的能力父母親決定》提到的：

「沒態度，連雷也不理你！」

他這樣考上兩個建中

他整天喊著：「煩啊！」
其實他還不算太煩，
我和太太聽了才更煩，
只是不能表現出來罷了。

為什麼叫「兩個」？因為有兩個獨立的管道考試。一個是北北基的基測，另一個是建中科學班考試。他兩個都上，我們放棄了第一個。

兒子的建中夢有五個機會，前兩個免試機會（北星與新北星）走得很不順。第三個是大考，只要再錯一題就危險了，差一點吊車尾。第四關連考三天的科學班是篤定上的，所以不必走到最後的「二衝」分發。

在九年級上學期時，兒子完全配合學校衝刺，準備考上建中後，開學再繼續考科學班，暑假兩個月剛好可以運用。哪知計畫趕不上變化，一通電話改變了他的命運。

這一天早上，我的一位高雄讀者媽媽，打電話告訴太太，建中的科學班是體制外獨立招生，並不是我們家原本的想法。因為這位媽媽也在尋找一些管道讓自己兒子參考，和太太聊天中無意間透露這個訊息，我們非常感謝這位媽媽。

很早以前建中的數理資優班，就是透過體制外（非聯考）招收一些理科較強，文科卻較弱的學生，後來又改為必須先上了建中後才能考，所以科科要高分。

很慚愧，我們疏忽了。一直以為第三屆的科學班也是如此，結果住高雄的知道正確訊息，離學校不到八分鐘的我們卻不知道？

小時候奶奶常告訴我：「好心有好報」，我身體力行後才知道，奶奶的話是真的。總在冥冥之中，就是有人會來提醒我。我們對這晴天霹靂的消息，一則以喜，一則以憂。

喜的是兒子知道正確資訊後，不會扼腕，也不會敗於非戰之罪，對他而言應是個天大的好消息；憂的則是他準備基測已經焦頭爛額、目不交睫了，哪有餘力再抽時間準備？

萬一兩頭空怎麼辦？我和太太討論一個下午，到底要不要告訴兒子這個訊息？不告訴他，也許這百餘天全力衝第一志願較有希望。

但若是不說出實情，或是決定錯誤，我都會內疚一輩子。第一志願的光環會過去，但欺騙孩子的陰影，卻會永遠留在我心裡。與太太商量後，我還是決定告訴兒子真相。說實話之後雖也可能兩頭落空，但我們絕不能說謊。

當兒子全力衝刺基測時，聽到這消息都快昏了。少了兩個月準備，現在兩邊都要準備，而且一切還都要自己規劃，所以連學校寒輔也不參加，趕緊上網找全國各校科學班的考古題及資料。

除了看姊姊的高一物理、化學外，他也要求我帶他去書局選書。即使下週要期末考了，也只是考前一天翻一翻，因為在寒假已先寫完、預習完一些科目了，現在才可以全力衝刺科學班。

原本還一直誇口，自己要提早成為高中生，但現在只剩十多天就要畢業考了，還在問老師高中的理化及數學延伸。一位老師看他常跑辦公室，向其他老師提問，有點疑惑，就湊過來一聽，赫然發現他問的都是高中課程，就說：

「你時間怎麼這麼多？別人都埋首苦讀準備畢業考及基測，你卻在準備高中課程？」

媽媽怕他兩頭空，要他基測先顧好才對，不然……萬一……？

「我甘願！」孤注一擲的他，還是用這句話回我們。

既然他這麼堅定，我們也不便再說什麼，就放手吧！還好，他的數學早已提前學習，前年學校派他考過一次「科奧」初賽（科學奧林匹亞），已在家準備過一次。當年上場雖是當砲灰，但這次就派上用場了。

他像落湯的螃蟹那麼慌、那麼忙，每天早上七點多就離開家，晚上九點多才到家。學校夜自習要準備北北基大考，回到家還要準備科學班，雙管齊下，辛苦加倍。

但他不以為意，只是脾氣變得暴躁點，整天喊著：「煩啊！」其實他還不算太煩，我和太太聽了才更煩，只是不能表現出來罷了。

星期六、日，他也不敢睡到自然醒，自己一大早起來看書，不用別人來叫他起床。遇到寒流來襲，晚上他也不多蓋被子，半夜常看他縮成一團，第二天我忍不住開口問了：

「你怎麼不蓋溫暖一點？不夠暖也可以多蓋一條啊？」

「不行！這樣太暖和，睡太舒服，第二天會爬不起來。」

真是敗給他了！但這樣也好，他現在終於知道要早起了。不過他其實也不是有什麼建中迷思，只是因為他對科學真的非常有興趣，想在「科學班」裡找到志同道合的同學。為了這理想，才會對建中這樣「情有獨鍾」。

考上了科學班後，才聽一位家長說，他的孩子原本可以免試上建中，但自己卻放棄了，只因想要考科學班，這兩種入學機會只能二選一。我嚇出一身冷汗，這時反而慶幸，原來免試沒上反而是件好事。當初他若透過免試上了建中，一定捨不得放棄這個「天上掉下來的禮物」。

那時我們問他就讀的國中，得到的訊息也是免試上了建中的，也還可以考科學班。幸好這位家長是直接打電話到建中去問，對方告訴他不行。好可怕，還好免試沒上，不然兒子一定很嘔。錯誤的訊息增加了他那二、三個月的壓力，也差點害了他。

建中是兒子想要的，但許多孩子就沒這麼幸運了，太太曾經問兒子：

「如果父母要求你非考上建中不可，你會怎樣？」

「我會離家出走！」

還好不必離家出走了，因為他考上了兩個建中。

哪一類的孩子需要補習？

只有孩子自己想要、需要、主動學習時，那份力量最大，效果也最好。

一位八年級的同學買了我的書後，在我的部落格留言：

徐爸爸好！

我很喜歡你的書，也很想照做。但我國二了，不補習只看光碟是個很大膽的決定。別人國三要上全科班，而我卻在家，我怕我基測成績一出來會死很慘，怎麼辦啊？

我沒比人家好，我憑什麼不補？

其實這是大部分的家長或同學共同的問題，因為大家都去補，自己不去補會害怕，但效果好不好卻因人而異。

六年前，我在《我這樣教出資優兒》一書就提到，所謂「不補習」，是不能補和學校相同進度的課程，不然進步的空間有限，疊床架屋，在周遭許多例子也得到印證。

但花錢買心安，還是大多忙碌父母的選項。結果成績「愈補愈大洞」還算小事，吸菸、談戀愛、加入幫派，往往還有各種不想要有的副作用跟著回來。

有一次閒聊時，太太問汐止來的小孩：

「上國三後，你沒來阿姨家，回汐止補習都在做些什麼？」

「在學校上課時，心想補習班會教；在補習班上課時，心想老師上課會教。最後，兩邊都不專心。」

那時的他，脫離了我們的「監控」，結果學習態度鬆散，無論在學校、在補習班，都是「身在曹營心在漢」，每天還都「忙」（應該說是茫）到晚上十一點才回家，請問他幾點能睡？結果身心俱疲，基測也考不好，何苦來哉？

這驗證了我第二本書中提到的態度問題，沒態度，黃金在你腳下也沒用。

「在高中同住校的同學，有的還請家教到宿舍補習，結果成績也沒比較好。」汐止來的小孩繼續說著。

他高中後，改用我的方法，完全沒補習，成績反而更好。因為認真，有時間消化吸收及睡覺，發揮出自己想要時的力量。這也驗證了我第二本書所說過的話：

「沒有『能不能』，只有『要不要』，孩子自己想要時，力量才是最大的。」他自曝高三每天背一百個單字，認真背名言佳句套入作文，還學我把單字寫在左手背上，抓到機會就隨時背，後來大學學測英文考了滿級分。

可見讀書是「有沒有態度」的問題，而不是「補習或不補習」的問題；不是楚河漢界的二分法，而是要分析孩子的特性，以及要補的本質與目的究竟是什麼？只要孩子自願提出需求，要加強某部分特定或專業課程、提前或大考前總複習練練手感，我一定支持並鼓勵。補上自己不足欠缺的那一塊，而不是囿於課本上的東西，一直繞、一直重複、反覆的練習，浪費時間，最後變成考試機器。

一位媽媽曾建議她的孩子利用國中畢業的暑假，去某個補習班補數理。結果她兒子的分數「超高」，上了學校的數理資優班，因兒子原本就是資優生。

小學考資優班絕非靠補習而來，孩子本身就要有那個資質；如果小學就被檢測出來是資優生，國高中再擠進資優班就是有用的。

國、高中考資優班的考題是不公布的，但也很奇怪，好多補習班卻有考古題。就有一位媽媽告訴我：

「補習班要考資優班的學生，每人記一題回報總部，這麼一來，什麼考古題會沒有？」

兒子國中時有兩位同為資優生的同學，高中又同校。一個有去補，真的高中，又上了數理資優班；另一位沒補，也真的沒上。

一樣是資優生，資優只是門檻而已，再來就比努力、比熟練度及準確性，沒練習考古題的就吃暗虧了，這部分短期的練習手感，我支持。

沒考上也不代表自己不再資優了，因為名額就這麼多，一關一關比的沒辦法，現實的現象就是補習也製造了許多假資優。

像兒子就不適合補習，但如果他要求，我這筆錢照樣也會花。因為自己學歷低，無法回答他專業上的問題，所以能用得上的資源我一律配合，就當作是把錢丟到大海中，聽到一聲「咚」的聲音也好。

在考前五個月，兒子確實為了考建中科學班，找上了人家介紹的補習班。我們什麼也不懂，直接說明孩子的需求及孩子的程度在哪裡；不要再給基礎、當一般學生教……我一直問，想不到被老師口氣很不好的打電話來指桑罵槐：

「當學生的，不能這麼驕傲！」

我也不知道他在生氣什麼？問了他也不說，我只感到莫名其妙。

依個性，我是不會去了。但兒子想去，我便忍了下來，很不甘心的去交錢。

但是太太一直知道補習班並不適合他，會後悔的。

第一次去補習班的兒子，不出太太所料，到第三堂就後悔了，再也不想去，因為課程不是他原本想要的提前以及加深加廣的課程，很失望。但錢都已經交了，我還是勸他上完，每週一次，有始有終。姊姊還揶揄他：

「好好的大路你不走，偏要走羊腸小徑，弄得自己這麼辛苦。」

當初補習班給我們的感覺，是根本看不起我們，不屑這個學生；但這些都無所謂，自己努力才是重點。

考上科學班之後的暑假，兒子又找到一家有實驗課的班，同樣狀況，但這一家的吳班主任，卻對我們很友善，還盡全力幫忙。同學都很不解：

「你都考上了，還來做什麼？」

「好玩啊！我又不是為了考試，要學習不行喔？」

人家是為了考數理資優班去補，兒子是為了興趣多學一點，因為我們的教育制度，只是為了升學，犧牲許多實驗，趕課省時間，都是要求用背的比較快，卻害了真正想要知識的學子。

別人為了分數，兒子是為了興趣、為了提前、為了資源。可憐的他從小就找不到人問，有時只好花錢尋求專業。

像最近兒子又想提前學習大學的微積分，因為這樣物理的進度才會加快，我和太太也支持啊！只要問得到你要的課程，我也尊重。

他覺得自己計算能力很差，想到一個嚴格的環境，讓人有系統的督促，這段期間就一定要做這件事，不然在家只會把時間「混」掉。他說自己也有惰性。

聽起來也真好笑，兒子不是找補習班請人教他，而是想買那段時間的鐘點，督促強迫自己練習計算能力。

「就像我週六早上要去學校上日文一樣，不去我就不會主動學習，日文也就不會進步。」姊姊幫腔了。

了解他的想法及需求，我們也尊重支持他。

花了兩、三天的時間，幫他找適合的補習班及資源；但天不從人願，找不到合適的班級，他也漸漸放棄了。

太太建議他留校夜自習，帶筆電到教室看光碟，強迫自己練習計算能力。最後他決定從高一下學期要留校晚自習了，也不必花錢。

今年初，一位讀者打來，談到女兒很認真，九年級了。這次的分數掉了許多，老師的臉色很臭很難看。

「天氣這麼冷，應該早一點睡才是啊？」讀者困惑的問。

「對啊！」太太附和。

女兒覺得自己盲目的讀都沒系統，同學去補習的成績都上來了，抱怨之下也想去補，但孩子已經夠忙了，很矛盾地尋求太太的想法。

「去不去要問你女兒的需求，不是外人能幫你作決定，也不是你決定，萬一日後考不好，孩子會怪你。」

就像我兒子，當初我是不想讓他去，但理智告訴我，不能幫他下決定。結果去三次之後，他自己後悔了，自承後果，當然也不會怨我。

補習率全球第一的南韓，四分之三的學生上補習班，費用占家庭支出近兩成，但他們的教育部長卻說：

「家長不該花力氣追求孩子的高分，而是該培養孩子的創意和其他素養。」

其實這一點和我們的國情沒什麼兩樣，也是我最擔憂的。

我們的家長也是夜宿補習班，幫孩子劃位，還有父母接力排隊二十小時的瘋狂現象，只因為孩子迷信某些廣告裡的補教名師。

教孩子態度，不是只有功課。前兩年有位大學學測滿級分，在北投捷運站附近幫父親顧店賣蔥油餅，平時還負責煮飯、洗碗，和弟弟一樣的建中學生。他就是沒補習，一切靠自己，這就是主動的態度，沒態度，什麼都免談。

還好，我兩個孩子都提早學習。當時被批得體無完膚，現在成果一一浮現後，又被大家奉為圭臬。真不敢想像當初我不堅持，孩子現在剩幾小時能睡？一個月又要多少補習費？

我還是語重心長的那句老話，家長絕不能焚林而田、竭澤而漁。如果只在意眼前利益，傾全力只顧一時，那後續呢？

有一次演講途中，在火車上聽到兩位國中生的對話：

「昨晚補習很晚睡，今天學校七節課睡了六節，只有最後一節沒睡。」

「還不錯！剩下那一節，老師一定講得很精彩。」

「那節是體育課，沒辦法睡啦！」

兩個學生相視而笑，我在旁聽了差點昏倒在地。

根據統計，九年級永遠是遲到最多的年級，爬不起來是主因，沒補習的反而是怪胎。

家長不是一定要禁止孩子補習，而是要想一想，哪一類的孩子才需要補習？

我認為只有孩子自己想要、需要、主動學習時，那份力量最大，效果也最好。

也就是說，補習必須是孩子自己想補的，而不是父母逼著來補的。

終於被雷打到了

我和太太從來不會、不想也不要孩子到處參加比賽，尤其是國際賽。因為那一點一滴都是煎熬，不管是對孩子，還是對大人而言，都比基測壓力還大。

在國小時，就有補習班耳聞我孩子的程度，願免費提供名額到處比賽，美其名是增加臨場感，以後大考不緊張。但我知道那只是為業者在打知名度罷了，所以被我一一拒絕。

賽前的訓練都是重複的練習再練習，比的是熟練度及細心度，我很不喜歡，也不鼓勵孩子參加。把時間浪費在這裡，不會有任何意義。我一心只要求他們趕快超前數學，哪知兒子自己無意中卻一頭栽進去。

國中科學奧林匹亞競賽在師範大學的初選，我去了三次。一次載女兒，兩次載兒子。

兒女皆以《我這樣陪孩子走升學路》中提到的長中短程不補習法的學習方式，

沒關係啦！
他們有補習，
反射性的寫題目，
但一到高中，
程度就出來了。

順其自然進入學校，以數學、理化、科展比序，代表學校參加。

初選是未滿十六歲都能參加，兒子是年頭出生的孩子，所以很幸運被學校派出兩次。

那時並不知道競賽是什麼性質，反正學校要我們去，我和太太就傻呼呼的鼓勵孩子去，每次都是當砲灰回來，畢竟全國選三十個名額的機會實在太渺茫，根本不抱任何希望。

說也好笑，連女兒總共去了三次，還不清楚初選要做什麼，後來才知道原來是出國比賽拿金牌的跳板。

在八年級下學期，得知兒子要去筆試時，每天的固定閱讀時間，就改看「觀念物理」、化學、生物等書，並提前把九年級的理化預習完畢自己延伸，上網查資料並試做考古題，奠定了一點點基礎，雖然和預期一樣成了砲灰。

九年級準備基測及科學班，已是蠟燭兩頭燒，如火如荼，壓根兒不會想到要去考，況且學校報名是以八年級為主。但有天資優班導師突然鼓勵兒子：

「敢不敢再挑戰一次？」

我聽了也覺得莫名其妙，都要基測了，哪有美國時間去玩那個？因為不只考試要花時間，準備更要花時間。

但兒子只是以和建中科學班考試撞期為由而拒絕。後來科學班改為上午考，初試是在下午，就這樣誤打誤撞去「撞」了第二次。他完全抱著好玩的心態去應考，因為前一次的經驗已讓他有心理準備，不可能上的。

這次他完全沒準備，把全部精神放在科學班的考試；但考完早上的科學班，覺得自己考差了，心情不好。他又帶有地中海貧血基因，體力不支，又馬上要趕場考第二攤，下午就隨便答一答，很放鬆。發現頭先幾題怎麼那麼簡單，很順就一直寫下去，剩七、八題很難就空格放棄，因為他懶得寫了。

「你沒有猜嗎？」當天我很好奇的問兒子。

「不會就不會，為何要硬猜？反正也不會上，隨便寫一寫。」

兒子從小寫題目重思考，常挑戰題目，因此答案總是和老師及同學不同而被打錯，兒子不服常與老師爭執，他要的是真正的解答及原理，但問到後來結果都是兒子想太多，要不然就是要他尊重原出題老師。

兒子要的不是分數，他要的是真正屬於他自己腦中擁有的知識，所以不願亂猜，甚至會把題目記下來，回家繼續思考研究。

原本不抱任何希望的兒子，居然考上了三十個之一的國家代表隊選拔研習營。在日後十天的營隊中，會從中再挑六個出國比賽，跌破我們家眼鏡，兒子更喜出望外，驚呼：

「怎麼可能被雷打到了？」

兒子從小學到國中，每次考題只要太簡單，別人拿高分，他卻都是分數最難看的那一個。常常放學回家抱不平：

「明明同學拿問題來問我都會，我問他們都不會，為什麼考出來卻考輸他們？程度明明在他們之上的，為什麼？他們只知道答案，卻無法回答我的原理？」

「沒關係啦！他們有補習，反射性的寫題目，但一到高中，程度就出來了。」我總是這樣告訴他。

想不到，還沒上高中，科奧三十個名額，竟然也有他一席之地。

誤入叢林的小白兔

「媽，我這幾天可能要『熬夜』了。」
「你要熬到幾點？」媽媽有點擔心。
「十一點半。」
媽媽噗哧一笑，也不點破。

孩子進了國家代表隊選拔研習營，才知道每位選手來此之前，都做足了充分的準備。有的已準備好幾年資訊，目標明確，早在國小時就開始準備；有的甚至是第二次考進選拔研習營。

培訓期間教授曾問過選手來自哪個國中？只有兒子讀的這所國中他「沒聽過」，大部分都是明星級的學校，好幾年的常勝軍。

十天的受訓很辛苦，六點半起床又很晚睡，我固定三天幫他拿換洗衣物過去，媽媽也交代他每天睡前要報平安。

研習的第二天晚上七點多，兒子就急如星火打電話要我帶筆電，無論如何要想辦法借到高二、高三的物理、化學、生物課本，明晚一定要記得帶給他。還好我住台北，十分鐘車程，住南部的怎麼辦？

當晚十點，他打電話報平安時，我們還在為他需要的課本打拚。

「媽，我這幾天可能要『熬夜』了。沒辦法，讀不完，每天都要考試。」

「你要熬到幾點？」媽媽有點擔心。

「十一點半。」媽媽噗哧一笑，也不點破。

急急如律令的催命符，一刻不得延遲，慌得我和太太到處打電話，找高三剛畢業的同學借課本，好不容易想起五、六位。但不是人不在，就是課本早丟了，最後是向女兒小學同學的哥哥，借到了參考書及筆記，這時已是近半夜的十一點多。

上窮碧落下黃泉，只為了兒子赴考場。一人考試，全家遭殃，我們家剩下的三個，都被操得人仰馬翻。但總不能袖手旁觀，讓孩子單打獨鬥吧？

到了第四天，他電話報平安：

「媽！我等下要去睡覺了。」

「你不是說這幾天都要熬夜嗎？」

「有啊！我昨天熬了半小時。」

「那不叫熬夜啦！」媽媽忍不住告訴他。

室友也笑他不懂，真可憐！連夜也沒熬過。

第五天，過了晚上十點，他才打電話報平安：

「怎麼這麼晚才打回來？」媽媽問。

「我今天很晚才下課，剛回來。」

「那我們明天再去看你。」

「來做什麼？」

「陪你聊天。」

「我都沒時間讀書了，還有時間聊天？」

不管他怎麼哀哀叫，我和太太第二天，還是要去，聽他倒完心中的垃圾。

「難喔！整人啊？專有名詞都用英文考，還複選題全對才給分。二十題我才會十二題……算了啦！大家都那麼強，都像高三的程度，他們連生物也會，我卻都不會，從零開始，我看今天又要熬夜讀了。」

「熬夜？」

「對啊！要熬夜到十二點。」

什麼？十二點叫熬夜？但我和太太都不出聲。只不過可憐的孩子，早上六點半起床，近晚上十點才回到寢室，又要熬夜……連續十天。兒子及室友是每晚認真K書，但偶爾隔壁也會傳來打撲克牌的雜音。

第六天我們送換洗衣物過去，晚上近十點才回到寢室的兒子，很落寞的對我說，原來每天的考試，都算總成績的一部分。過了一會兒又自言自語、自我安慰：

「沒上也好啦！反正沒希望了，大家個個都那麼強，我還是回去準備別的吧！」

「沒關係啦！來這裡十天，也是你人生的重要經歷，還是有收穫的。」

原來前兩天的物理考試，兒子寫完後檢查好多次才放心，以為萬無一失，沒問題了。晚上回到寢室，他向室友抱怨：

「我特地要我爸帶筆電來，就是要看這個單元，結果這個單元居然沒考，氣死人！」

「有啊！怎麼沒考？最後一張翻過來就有了。」

聽到這樣兒子整個人傻了，反面還有題目？完了，二十分不見了。他一整天悶悶不樂，特地要我借高中所有課本及送筆電過去，就為了這個單元，結果……。

這麼關鍵的考試還會「脫線」，但這還不希奇，他的名牌第一天就弄丟了，輔導員說能記住他的名字，是因為撿到他的名牌。他真的什麼都能弄掉，幾個月前的基測准考證，第一天發下來就長腳跑掉了，我聽了也只能搖頭。

「數學考那麼簡單！」意思沒有難度他吃虧。沒有難度，大家分數就都上來了。

會的怪人家考那麼簡單，不會的又說難。結果難的覺得自己考差，跟不上同學；簡單的又覺得別人也一定考得不錯，很難贏人。因為自我要求甚高，當然傷心難過。我常勸他：

「每個人都有強處及弱點，不必太在意。」

第八天晚上，我和太太最後一次去探望兒子，剛好遇到同寢室同學的媽媽，她問兒子：

「明天考試，你實驗組和我兒子分配在同一組嗎？」

「和我同這脫線族一組，他就很倒楣了。」我們捧腹大笑化解尷尬。

媽媽整理行李打包時，兒子很落寞的自言自語：

「不必看了，這些書都帶回去，再看也沒意義，百分之八十不會上啦！」兒子垂頭喪氣的告訴我，氣如游絲，好像世界末日就要來了。

最後兩天，是決定性的驗收總測驗。喂！年輕人，明、後天還有最後一場硬仗要打，怎麼前兩夜就豎起白旗了呢？況且還有兩天，不就是還有兩成的勝算機率嗎？

最後一天考完試，四點半賦歸，去載人時，我因整理房間遲到了二十分鐘，可能他也考得不好，火氣很大。我機車一停，他馬上走過來，我笑咪咪的對他說：

「你怎麼知道帥哥到了？」

「還說？蚊子那麼多！」意思我來慢了。

「偶爾一、兩次被蚊了叮也不錯啊？難得有機會做點功德。」

「少廢話！」

啊？叫我少廢話？現在到底誰是兒子啊？我也很火大，想要反擊，但念在他的壓力很大，何況自己也有錯在先，算了！畢竟我們兩個夠熟，認識十多年了，口氣像兄弟不像父子，所以我「吞」了下去。

到家後，我不改幽默本色，知道考那麼爛後，故意激他：

「要上本來就是很難，有什麼好傷心的？」

「聽你在唱歌？」

「喲？不服氣？三十選六能上，我就客廳爬一百圈。」

一百圈？看不起我？其實也不是啦！我只是不要他患得患失。在大家都看好他情況下，媽媽說他一定上，姊姊也說他穩上，我不能再捧他了，不然摔下來會很重，要有落空的心理準備。

我在家中的角色是雪中送炭，絕不能是錦上添花。

國家代表隊裡的「素人」

你們不用補習，
又沒有到處去比賽，
居然能上國家代表隊。
原來普通家庭，
也可以做得到。

在師大的十天研習營終於結束了，最後兩天的篩選考，兒子自曝考得不好，上國家代表隊的機會不大，個個都那麼強，身經百戰，上課他們都聽得懂，只有兒子鴨子聽雷，很痛苦、很喪志，只靠教授教完後他趕快問，晚上趕快讀補回來，期望能迎頭趕上。

「哎呀！不可能的啦！是不是我的儀器有問題？不然數據怎麼都怪怪的？算了啦！不會上了啦！我有不詳的預兆。」回到家後兒子已放棄希望了。

「沒關係啦！全省三十個，你入圍就是肯定，不簡單了。一切都是成長，也都是人生經驗，要恭喜你啦！」

孩子的自我標準很高，回到家也很會叫（哀嚎），心臟不強的父母可能受不了，每天心情隨兒子起伏不定。

「我的心臟這一年快被他弄停了。」太太苦笑著說。

「物理二十分沒了。」

兒子自嘲五月底大考完大家就已在放暑假了，到八月底至少三個月長假，但他的假比寒假還短。因考完基測馬上請十天假在家猛K不敢鬆懈，就為了科學班。科學班也上了後，心想塵埃落定可以好好休息一下，想不到半途又殺出一位程咬金——科奧初試又上了，要住宿受訓十天，早上七點離開宿舍，到晚上近十點才進門，比開學上課還忙、還累。

比賽是十分殘酷的，一翻兩瞪眼，不是輸，就是贏。這十天的總成績，要篩出六位正式成為國家代表隊，全國甄選來的三十位菁英競爭，可以想像其激烈程度。

兒子回來一直說國家代表隊那六個名額，不可能有他的。反倒是女兒和太太很支持兒子。

女兒說：「只要弟弟能進初選，決選就沒問題。」

想不到她對弟弟這麼有信心。

大概十天後兒子接到師大電話，說他上了，還願不願意接受培訓？他聽到都傻了，當然不會放棄這挑戰機會。

「啊？完了！」兒子聽到我這尖叫哀嚎聲，突然轉向我：

「你馬上給我爬！」

我很尷尬的笑一笑，畢竟這玩笑開大了，但願賭服輸。

「放心啦！一圈都不會少。」

「要不要我給你打個折啊？」兒子整個人活了過來，判若兩人，應驗了「人逢喜事精神爽」這句話。

「不用！」

「你邊爬邊學狗叫，我給你打五折。」

「不用！」捉弄我？門都沒有！「不然讓我坐一圈就抵一百圈。」

「好啦！爬一圈就好了，人家兒子要特赦你，以後不要再看不起他了。」連太太也跳出來打圓場。

「不用可憐我，我會利用你們睡著時再爬！」

「不行！我沒看到不算。」兒子刀子嘴豆腐心，我了解。

「想不到你也會有這一天喔！」換女兒也笑我。

「你時間多？好啦！你原地一圈就好。你真的要爬？」兒子心軟了。

想笑我？門兒都沒有。我承諾會爬，但我可沒承諾要爬給你們看。

第一天逞強爬了二十圈，膝蓋及腳尖就破皮有血絲了，休息了近一個月，利用孩子上學、太太上班，陸陸續續又爬了四個月。太太罵我頭殼壞去，但她不知我如不重承諾，以後如何再帶這個孩子？可分期，但不能食言！

受訓期間他抓不到頭緒，到處向同學借書。他想買兩本書，很貴不敢講，都是很有名很暢銷的生物學，下不了手。忍了好久才對我開口。

「我不是早告訴過你？只要是需要的書，我連眼皮眨都不會眨一下，不要怕沒錢，借我也會借來買。」

可能我們家多年來節儉成性，讓兒子誤解爸爸一直以來都很窮，不敢亂浪費。但沒去吃大餐不代表沒錢，沒開車子也不代表開不起。他自承在小二時躺在床上久久未睡，聽到我和太太的對話。當時還是負債階段，連一瓶養樂多都捨不得買。

「怎麼我們家這麼窮？」早熟的兒子當時不由自主地哭了。

也許是如此，從小他都捨不得花錢，停留在印象中的都是小時候爸爸帶出去公園玩的景象，例如香腸買一支，三人分著吃；或是共吃一支冰棒、一盤麵……。

為了不讓他有罪惡感，我還故意炫耀最近演講多，版稅也多，而且前四本書的簡體字版權也賣出去了，款項也已入帳，不用擔心錢的事，他才放心繼續開出自己的書單。

其實為了有參考資料，三天兩頭我必須出去按書單買書，幾萬塊是跑不掉，兒子還是很關心：「多少錢？」我說有需要，不浪費，再貴我都會買。

後來聽到出國要有十萬元財力證明，兒子又緊張了，心裡一直想著：「我爸到底有沒有十萬元存款？要是沒有，是不是無法出國比賽？」週日一受完訓回來，他就急著問我：

「爸，我們家有沒有十萬元？」

「有啊！幹嘛？我沒那麼窮啦！」

是我身教太成功，還是從小對他們太苛刻？也許都有吧！

確定上了國家代表隊後更累、更惶恐，兒子自認自己實力不足，只懂個皮毛而已，和另五位實力相差懸殊，特地找我到處買書，又開出一些書單。有次專程花了半天來回，就為了買八本兩千元的高中教科書。

「你為何不劃撥就好？」太太笑我笨。

「效率呢？慢三、四天，他少看一半。」

還記得那天一買回來，一回到家的兒子就馬上讀了。

「太好了，內容真好。」

「真好？當初你不是說開學後再買就可以？」

其實這兩千元他也很捨不得，叫我可少買兩、三本，怕買來浪費了，看一下就過去了，是我和太太堅持買給他，這時媽媽才透露，她有私房錢，叫他放心。

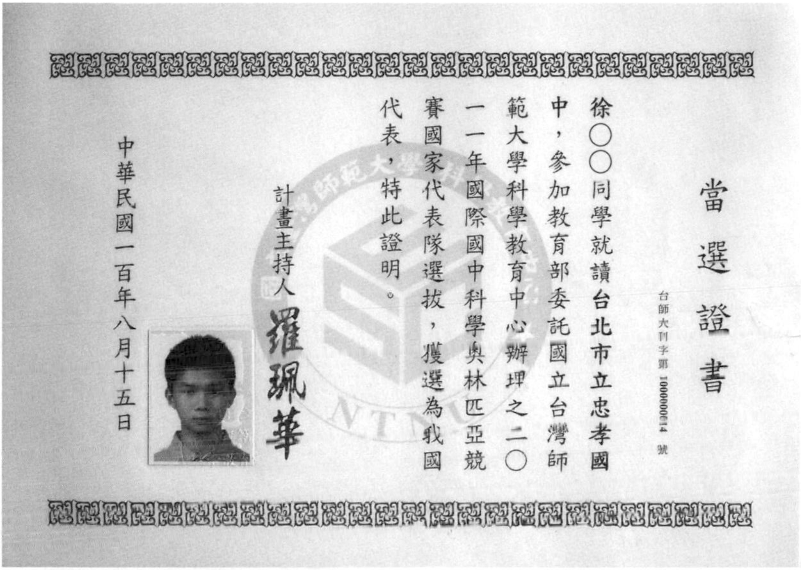
當選證書

台師大刊字第10000000[illegible]14號

徐○○同學就讀台北市立忠孝國中，參加教育部委託國立台灣師範大學科學教育中心辦理之二○一一年國際國中科學奧林匹亞競賽國家代表隊選拔，獲選為我國代表，特此證明。

計畫主持人 羅珮華

中華民國一百年八月十五日

我僅有國中畢業，兒子讀的也不是明星國中，卻通過了國際國中科學奧林匹亞競賽國家代表隊選拔，進而獲得金牌，證明了只要父母有心，就沒有不可能的事。

「真的？怎麼可能？」

我也告訴他，只要是教育上要用的，絕對不要省，工程用計算機也順便買一買。兒子怕我把錢花光，那出國怎麼辦？

「沒關係啦！我今天已知道你媽偷藏私房錢了。」太太苦笑，說她只偷藏了幾千塊而已。

要知山前路，須問過來人。前置作業我們作了萬全準備，甚至找到前一年的同校學長科奧銀牌面授機宜，想不到開學後又有一位同班的金牌同學可以問。

難怪古人有訓：「結交須勝己，似我不如無」、「寧與智人同死，不與愚人同生」。雖不盡然認同，但有一定的鼓勵寓意，受教了。

一位高雄很認真幫孩子找資訊的媽媽，特地打電話來恭喜：

「你們不用補習，又沒有到處去比賽，居然能上國家代表隊，真的刷新了我的觀念。」

原來普通家庭，也可以做得到，這讓她更有自信帶好自己的孩子。

她的孩子非常優秀，太太特別交待，這種孩子更難教養，帶好品行及情緒更重要。要不然有可能就像我前幾本書曾說過的：

「功課第一，危害社會也第一！」

Part 2

道歉，是父母成長的開始

孩子要的往往只是發洩

只要願意把心中的不滿說出來，
我都接受，
難聽比憋在心中不說好多了。
大家一起想辦法解決，
負責傾聽也不刺激孩子。

兒子莫名其妙的進國家代表隊，原先根本沒計畫走這條路，因為來得太突然，讓兒子一時不知所措，情緒起伏很大。原本要在科學班好好拚出一番成績，甚至市長獎都在目標中，哪知計畫趕不上變化，全亂了，包括思緒、脾氣。

開學後每個週六、日都必須到師大受訓一整天，住一夜K書。總計十週，每次星期天回來都有事，脾氣變得很大。

「早知道就不要去了！」第一週回來，砲火馬上射出。

兒子很後悔答應師大來受訓，因為名稱雖說是「國中科奧」，事實上沒有提前高中課程的學生，根本考不進去，更別說出國比賽了。隊友中也有人讀到大學課程了，數學、物理、化學、生物及地球科學，都必須加深、加廣再無限延伸。

看到隊友的程度，自己嚇到腿軟，相形見絀、心怯膽喪。

「教授一定是把分數算錯，我這種程度怎可能會上？」

「不會吧！第一次入選三十名就算是幸運，難道第二次研習營分數算錯了嗎？」媽媽回答。

「你都不知道我差人家多少？死也不能死得太難看啊！」

「沒關係啦！你起步比別人晚，我們當烏龜，按自己的腳步慢慢爬就好，老天自有安排。」媽媽也只能這樣安慰兒子，其實早在回到家前的機車上，我就已中槍，全身彈痕累累了。

「不會的不會，粗心的粗心，下午考的又是我的弱項生物、地科，加上我一過中午就熄火了。」

兒子只是要宣洩一下，讓我們有個心理準備罷了。一旦發洩完了，他會舒服些，我們也能體諒。當他對媽媽發一連串的牢騷時，媽媽總勸他：

「老天自有安排，不是給你最高的榮耀，就是最慘痛的失敗，失敗也是好事，提早學會面對挫折而已，跌倒了爬起來最重要。」

手機來電鈴聲也設定劉德華的這首〈笨小孩〉，當歌聲響起，就知道兒子打電話給媽媽了。

兒子頭先排斥、抗議說：「我又不笨！」

後來自己也常哼了起來，偏偏姊姊見他心情不好，又老愛唱給他聽：

「哎喲往著胸口拍一拍呀，勇敢站起來，不用心情太壞。哎喲向著天空拜一拜呀！別想不開，老天自有安排。」

受訓期間，和兒子同寢室的，是以第一名之姿考進科學班的同班同學，年齡卻比他小一歲的早讀生，每一科都超強。據孩子的媽媽所言，以前小學每個月都向圖書館借三十本書來看，興趣就是看書。

「生物也贏我、物理也贏我、基測分數也贏我、微積分人家也會，年齡又比我小，什麼都贏我，我慘了啦！」

「你就當那隻烏龜，慢慢爬就對了，不要太在意。」

「每次都說那隻烏龜，你怎麼知道人家就是那隻兔子？」

「我又沒說他們是那隻兔子，而且也沒叫你追他們，我只是叫你做你自己，不要虛擲光陰就好。是你心太急，當那隻烏龜有什麼不好？」

每次受訓回來就被刺激一次，去一次受傷一次。刺激太重第二天就會發飆，變成有一點憂鬱。

「去吃十八銅人行氣散啦！」

「不必，你過來讓我打一打，氣出來就好了。」

還會開我玩笑？表示病情還不是很嚴重。

從小沒第二名過的資優生，這對他打擊甚大。回到家都心事重重，盡說些喪氣的話，銳氣全不見，被刺激到了，長吁短嘆，沮喪之至。

因貧血基因，體力不如人，早上有精神，下午就沒力了。看看別人還是活蹦亂跳的，有時一上課兩小時就無法思考。

「掛了啦！」「完蛋了。」「他們都那麼強！」「他們都會我都不會。」連姊姊都說，弟弟哪一次不是這樣講？

「為什麼不退出？」朋友問兒子。

當初是考好玩的，原本認為是一個免費學習的機會，可以接觸到昂貴的實驗器材，現在卻壓力大到每天睡不著。

頭，哪裡有洗一半停下來的？現已是責任，而非個人得失了。

當時兒子的脾氣陰晴不定，彷彿朝穿皮襖午穿紗，也不知何時會發作，每次的戰況都罄竹難書。

「不要以為你兒子考上國家代表隊有什麼了不起？好像很厲害，那是運氣。你根本沒看過外面的世界，人家的實力到哪裡？我根本沒資格去的，人家厲害到什麼程度？」

「你們不要以為我考進去就很厲害，人家老師一教全部都能記下來，聽過就會，我根本沒辦法，不要期望太高，差人太多，我多弱啊？」

「你太看得起你兒子，都覺得你兒子很強，其實人家更強，他們高中的都讀完、寫完題目，我都沒有。」

「媽！我怎麼可能進來？其他五個超強，有的讀到大學物理，評審老師一定算錯分數了。」

「不知天高地厚、外面世界多寬？怎麼說你呢？說好聽一點呢？叫天真、樂觀，說難聽一點呢？叫無知、幼稚。」

我和太太聽到臉上只能三條線，他真的要試探兩老的底線？兒子的經典名言多到可以寫成整本書了。以前孩子小，同樣的一句話出來，我一定抓狂痛罵一番。現在長大會表達自己的處境與想法，絕對是遇到困難或不舒服，講的話當然不好聽，你我皆然。

只要願意把心中的不滿說出來，我都接受，難聽比憋在心中不說好多了。大家一起想辦法解決，負責傾聽也不刺激孩子。

他的機關槍是多管齊射、彈無虛發、威力甚強，有時我們兩個老的躺著也中槍。但因從小陪伴至今，全家人感情甚篤，彼此了解無話不談，沒有輩分大小，孩子說什麼都不以為意，所以中槍倒地，也能微笑以對。

「真後悔！浪費時間、壓力又這麼大。媽，我可不可以退出啊？」
「可是上次師大打來，是你親自答應的，中途退出不好吧？」
「老天給你這麼好的學習環境及機會，要好好珍惜，不要太在意結果，放鬆心情，盡心盡力走完過程即可。」媽媽這樣告訴他。
「這我也知道。」
不是他的個性懦弱，只是想講出心中的矛盾，撒一下嬌罷了。
「失敗也好，不然我也很怕失敗，早一點失敗我直接拚別的，不然也沒時間。」兒子總覺得實力差其他同學很多。
無論我們如何安慰，兒子都聽不進去，最後我對他說：「人家都補習，個個從小身經百戰，你沒補能上，誰比較厲害？」
「都像你講的就好了。」但看得出來，他心中暗爽，嘴巴硬。
這些孩子有些特性，好學求知慾強，就算拿金牌回來也覺得自己輸人好多，必須再努力。記憶力佳，理解力強，課業主動超前同齡甚多。大人只要支持及注意好孩子的情緒管理即可。
唯能靜方能思，唯能思方能得。天下沒有白做的工，如何旋乾轉坤？就要看個人的一念之間了。

用錢也買不到的經驗

孩子愛撒嬌，
就讓他抒發心情也好。
以前會覺得很煩，
現在習慣了。

在準備比賽這段期間，兒子常常會嚷嚷：

「媽！怎麼辦？萬一我打破紀錄，什麼牌也沒有怎辦？」

「沒關係啦！盡人事，聽天命。」

「搞笑喔！」

「你是亂撞撞進來的，說不定老天爺就是要你來破這個紀錄，也不錯！功德一件，以後的選手就沒壓力了。」

「對啊！以後教授就不敢說至少銀牌，而是改口只有一位沒得牌，就是你！」我接著說。

「都給你們講就好了啊？」兒子每次接不下去，都會來上這句話。

「本來就是，山不轉心轉，就過了。沒什麼大不了。」媽媽繼續開講。

我國參加國中科學奧林匹亞七次，成績亮眼，第二週教授上課時告訴六位選手說，參加以來從沒拿到銀牌以下的。在課堂的兒子冒一身冷汗，嚇到腿軟，真想衝口而出回答教授：

「今年我就幫你拿一個！」（銅牌或沒得牌）

原本兒子的計畫是要放掉科奧，以學校科學班功課為主，聽到教授這樣講，這週回到家計畫又變了。

「你們那麼認真了，為什麼還要去補習？」兒子好奇問隊友。

「因為我們很怕拿到銀牌。」兒子的冷汗又出來了。

五位隊友個個都以金牌起跳，再爭世界前幾名，而兒子怕自己拉低全隊的分數，連銅牌都沒有……。

去年得到四金一銀，總成績世界第一，難怪個個壓力超大，所以大家都很認真。最後他沉重的丟下這句話：

「我已代表國家了，不是個人所能選擇的，我絕不能讓國家丟臉。」

不滿十六歲的孩子，能從內心說出這樣的話誠屬不易，我們兩老感動得眼淚不聽話快掉下來，半哭半笑中我為他感到驕傲，這些日子「中槍」都值得了。

媽媽也對他說，這學期就送給學校了，及格就好，最後一名也沒關係。

「你聽過國家代表隊是最後一名的嗎？」

「有啊！就是你啊！」

連兒子自己也覺得好笑，反而是我拜託兒子不要最後一名，很難聽，反差太大，至少贏一個也好，他又笑了。

表面上他好像接受了媽媽的說詞，放掉學校課業，應付過去即可，大小考完全擱一邊。考前幾分鐘抱一下佛腳，所以分數都很難看，有機會倒數。

他可以不重視學校作業及大小考，但暗地裡卻非常在意老師上課的內容及研究報告，像出國比賽前一個月，還在做化學熱力學報告。

有的人不必一天就可做完，他卻做了一個多月，求好心切，兩邊都想兼顧。蠟燭多頭燒，壓力不大才怪，但做父母的又能如何？也只能尊重及支持。

「目前我比較不在意面子上的問題了，現在倒覺得是一份責任！」原來之前的壓力還有面子問題。

「從無銀牌以下？」

這句話讓兒子壓力超大，本來要放手順其自然的比賽就好，但聽到這句話後覺得，既然被選上了，就有責任義務幫國家拿牌。

有次受訓睡在師大宿舍，還沒四點多起床後就睡不著了，兒子說連作夢都夢到怎麼解題？

可憐的孩子壓力大到每天無法安穩睡覺，自律神經失調、免疫機能下降，累出病來掛病號，媽媽勸他請病假在家休息。有一次請假忘了事先報備，隔天還被導師虧說：

「你昨天不爽喔！沒來上課。」

兒子只能傻笑。

這時他又去參加一百年度高中物理科學人才培育計畫招生，由台大主辦，預計全國錄取六十名，也有中、南部北上來應考的，競爭十分激烈，隔週六到台大上整天的課業延伸。

上網得知他的分數及正式錄取資格，但遲遲沒收到錄取通知單，要報到又要請假。耐不住性子的太太，竟打電話去問，對方詢問兒子的姓名及分數，「物理七十七、數學九十。」

「這分數好像是第一名耶？」

「真的嗎？怎麼可能？」太太和她聊起兒子這段日子被追著打的情形。

「這分數印象很深，應該是沒錯。」

對方再次確定姓名、住址、電話及分數，告訴太太：

「沒錯啦！你兒子回來，請告訴他是第一名，讓他高興一下。」

當兒子放學回來，媽媽迫不及待興高采烈的告訴他這個好消息，希望掃除他之前的所有陰霾，想不到兒子冷冷的回答：

「那又怎樣？這有什麼好高興的？都是考國中的，現在是高中了。」

真是氣死人！姊姊說他暗爽在心裡。說的也是。

你們這些人什麼都不懂，自吹自擂，只見表面。唉！怎麼講你們，燕雀安知鴻鵠志？不了解我。

「有必要我要請假讀生物。」有一天蠟燭多頭燒的他，突然這樣說。

「好啊！」

是的，有必要在家苦讀，萬一比賽完畢後，每家報紙登得大大的，不是報拿金牌的，而是報唯一沒得牌的那一個……情何以堪？全台灣人都知道，兒子說自己丟不起這個臉。

「你都不知道我後面背負多大的壓力？」

「是來自科學班同學嗎？」

「我才不管科學班。」

「那是我？還是你爸？」

「我更懶得理你們咧！都不是。」

「那是什麼？」

「面子！你們大人愛面子，我比你們更愛面子。」還是面子問題。確定目標後兒子每天戰戰兢兢，又開始睡不著、起不來了。隊友們個個怕拿到銀牌，自己卻怕未得牌，心裡落差實在太大，真的太為難他了，一個未滿十六歲的孩子。

「我好怕沒得牌喔！」

「沒關係啦！盡力就好。這次沒得牌的話下次的路更好走，不怕被笑了。」媽媽分析給兒子聽。死豬哪怕滾水燙？最差的狀況就是這樣了，而且下一屆學弟會感激你，有你墊背真的是功德一件。

「放心，只有你們六個國家代表隊知道而已。」

「亂講！全台灣的報紙都出來了。」

人生經驗是用錢也買不到的，孩子愛撒嬌，就讓他抒發心情也好。以前會覺得很煩，現在習慣了。

乾坤定矣？還早！得失榮枯放兩旁，樂觀、積極、盡己，頹局必能扭轉，整個世界會為你改變。

能重新來過的事都不是大事

面對問題，
才是最好的解決方式。
人生只要能重新來過的事，
都不是大事，
把身心顧好才是重點。

「你沒出去比賽，不知道世界有多大、人家有多強！」

「我是沒有出去比賽過，但我知道沒有健康的身體與心理，其他再強的能力也都沒用。」媽媽每天催著早點睡。他很火大。

暑假在科奧受訓這段期間，他好像很不快樂、沒自信。恰巧又面臨學校開學，科學班來自四面八方臥虎藏龍的同學，更讓自己覺得輸人太多，心生恐慌。每天放學回來總是陰陽怪氣，像一顆未爆彈，隨時會引爆。

「現在終於知道要追人家程度的那種痛苦了，原來以前被人追的感覺這麼爽！」

「我可能得了憂鬱症，吃不下、讀不下。」

「唉！我可能躁鬱症，有沒有藥可以醫？怎麼辦？」

兒子碎碎唸，說出自己心聲，輸人太多，心急、放不下。

「媽！有沒有定心丸？」

「哪有什麼定心丸，有的話，先拿一顆給我吃。」媽媽哈哈大笑。

這是在家裡的真實狀況，但在課堂上又必須裝出一副輕鬆自在模樣，不能讓人看出他的焦慮，所以只能裝傻抒解自己，讓大家知道他實力最弱，期望不會那麼高，失望也就不會那麼高。

他總認為自己是最後一名、六個當中最爛的，實力最差。整天在那裡耍憨，然後把情緒帶回家爆發。

開學一個月後，太太發現，兒子已經慢慢接受學校的步調；但每次週六、日到科奧受訓回來，身體就不舒服，口中唸唸有詞：

「真奇怪！每次周六、日要去之前，我都將他的身體、心理調整得好好的，為何週日回來，星期一就又開始發作？」

另一週受訓回來第二天早上，兒子又向媽媽抱怨：

「怎麼辦？我很累，都快當機了，連書也讀不進去，怎麼會這樣？好累！好累！」

「你那是心累、沒鬥志，輸人家一大截，想要硬追上去的無力感。太心急，一下子當然調適不過來。心情落差太大，我們慢慢追不要急，也沒有要你非贏不可。但我知道總有你一片天的。」媽媽又向他開示了。

「你不懂啦！你又沒追過。」

「誰說我沒追過，國中時我不管怎麼認真努力，考出來永遠輸一些平常隨便讀的同學，現在我才知道，他們叫『資優生』。那時怎麼追就是追不上，我國中就知道追人很辛苦了，你比我還好，到高中才知道。」媽媽回嗆兒子。

「早知道就不去了。」又來了，考上一直唸，沒考上你也不爽，考上了還怨言一堆老天爺真難當。

「面對問題，才是最好的解決方式。孩子，人生只要能重新來過的事，都不是大事，把身心顧好才是重點。」

兒子很會叫，沒時間、讀不完、寫不完怎麼辦；我們聽久了也習慣了。了解他的個性後，心情不隨之起舞，就讓他隨時叫一叫，也許心裡會舒服一點，兩個老的負責聽。

「喔！壓力超大，早知道不要去考，程度差人那麼多，考上也不知道是好運？還是壞運？」講了N次還再講。

「沒走一趟，你還是會去拚別的啦！讓你提前體驗一下也好。」媽媽回答他。

「這兩天生物都讀不進去。沒做事，好煩喔！」

「早告訴你這是身體反撲的警訊，叫你放輕鬆，講不聽。」

「我也知道，可是我做不到。哪那麼容易？個性使然。」

完美主義者沒做好每一件事是很痛苦的，好的要更好，不好的就擺著爛，兩極化，和我差不多。真的，虎父無犬子。

這一天，已躺在床上的媽，一直叫兒子早一點休息：

「都沒時間了，還叫我睡什麼？我快崩盤了，死定了啦！好煩好亂！」

「都不知道我們擔心的是什麼？你媽怕你腦筋不休息，讀書讀到頭殼壞掉，我要的是這種孩子嗎？沒用啊！心理要調適，不是只有面子問題，拿身體健康去賭，不划算啊！」

我們不是怕你沒得獎牌，而是怕你沒得獎牌時，難過到無法承受，失敗後就再也爬不起來，這才是我們在意、擔心的事。老天爺安排你這條路，一定是好事，反正只有兩個結果：

成功了光榮回來，當然皆大歡喜，好事。失敗了歸國沒得牌，提早挫折，日後什麼面子、什麼冷言冷語，也都不算什麼了。能讓你免疫力增強，也是好事。

人生原本就是這樣起起伏伏，勝敗乃兵家常事，很正常。

比賽真的很花時間，打亂了兒子原本規劃的路線，像榮獲全國性大獎前幾名的鋼琴手、小提琴手，哪一個不是每天練個五、六小時才上得了檯面？走過一次後，兒子自承比賽真的不適合自己。

「能拿到銀牌，已經祖上有德了，還妄想金牌？想太多！」也難為孩子了，背後如果沒有大人陪伴支持、抒壓，這一段漫長的路，他要如何獨自走得下去？很難！

這一段日子，我們夫妻下班後見面的第一句問候語，一定就是：

「你今天有沒有中槍？」（兒子的情緒爆發、抱怨、牢騷或無理取鬧。）如果兒子在現場，我們就用右手比槍狀指向肚子，眼睛看對方表情，以點頭或搖頭表示，然後兩夫妻相視而笑，兒子看了莫名其妙。

有一次太太從客廳看進書房，兒子在書桌上正以雙拳擊頭，左右太陽穴各三次，張開拳以手心拍頭又各兩次，重重擊桌一次。

「壓力好大喔！好煩！我過不去了，讀不下去，好累！怎麼辦？」臉很臭，殺氣騰騰。

生到這種孩子，心臟要夠強。縱然得內傷也要沉得住氣，直到吐血。太太坦言自己是容易緊張的人，單單孩子考試、集訓、比賽，緊張、少睡、心悸，不知細胞死多少？至今無法恢復。

還好我們一路陪他，一路包容、體諒，陪他哭、陪他笑、陪他哈啦。事情真的太多、太煩，不勝負荷，這下玩笑開太大了，小孩玩大車，解鈴還需繫鈴人，父母的引導永遠是最重要的。

以前奶粉罐附的塑膠湯匙，一舀起奶粉那一瞬間，絕對是細塵飛揚，弄得遍地是粉末。現在進步了、不會了，因為聰明的廠商，會在湯匙底部挖幾個小孔，讓空氣有管道發洩出去。

父母也是一樣，本身就是要具備這種小孔的功能，教養觀念要跟著時代進步，不然家裡一定弄得烏煙瘴氣，氣氛很僵。

雖然彈痕累累、遍體鱗傷，但畢竟是自己的孩子，是個甜蜜的負擔，陪他過去就好。

從兒子國三下準備基測，到出國比賽回來這期間，太太練就了一項好功夫，每天下班回來，兒女都會喊一聲「媽」打招呼。從這一聲「媽」的語氣，太太就能判斷今天兒子的心情如何？真是厲害。

如何帶領孩子逢山開路，父母占絕大的角色，絕不是只有孩子自己承擔而已，因為他是孩子，需要你的引導。

我的提前只是小巫見大巫

一藝之成當盡畢生之力。
如果已經落後，
只要願意開始起步，
都還有機會敗部復活。

「喂，媽媽！」

剩十天要出國比賽了，六位選手賽前集訓一週。住宿的第一天，兒子睡前報平安。本來叫完媽媽後，「省話一哥」就準備要掛上電話，但大人多問一句，孩子也就會多說一句。

聽得出來，今天孩子很落寞、沒自信、陰陽怪氣。又怎麼了？

「被電得很慘！」

原來今天教授所教的內容，他都聽不懂，而其他隊友早就會了。學習方式不同造成落差，導致兒子心裡很受傷。那個自視甚高、睥睨一切的兒子不見了。

每次受訓回來就有事，自怨自艾、垂頭喪氣，不是輸在努力，是輸在時間。每位讀者都知道，我的孩子贏在提前，但和別人比起來，卻是小巫見大巫。

人家父母有提早規劃，孩子又有這方面興趣，都讀到大學普物了，等兒子想要，知道興趣後已比別人慢了許多年。跟他們比？蚍蜉撼樹。

難怪古人一直強調事非經過不知難，書到用時方恨少啊！兒子現在想學、想要了才一直後悔、一直嘀咕抱怨：

「我小學都在混什麼啊？要是我現在國二就好了，誰叫你以前給我那麼快樂？只要再給我一年就全改觀了。」

唉！以前講不聽，現在想要才懊惱。我這個老爸真難當，當初被外界批得體無完膚，怪我給你這麼大壓力；你長大了又被你怪小時候給你太快樂？我真的是豬八戒照鏡子，兩面不是人。

兒子是到科學班、國家代表隊之後，才知道實力輸人一大段，一山還比一山高，就像三、四十年前外婆常對我們孩子說的一句話：「你們沒看過大船在尿尿啊？」大概就是這個意思。比我們厲害的多得是，只是自己孤陋寡聞，還沒遇到而已。

隊友中最小的是一位國一生，程度早在兒子之上，父親是法官，看得出來汲汲營營的栽培兒子，上了國家代表隊也表示穩保送建中科學班了，不必像兒子辛苦的考，有的高中課程已學習完畢。

剛開學時的科學班上，坐在兒子左邊的是四科免修，已拿到兩面奧林匹亞金牌，台大的門票都快有了；右邊的也很可怕，每科都很強，大部分九十多分，從小父母就栽培，我早預測三年後的市長獎非他莫屬，考什麼上什麼，天才一個。

因為爸爸有遠見，在六歲前訓練記憶及思考，物品看過一次馬上蓋住馬上抽問，所以記憶力超強，看書過目不忘，速度堪比照相機直接由眼睛「拍」進大腦。哎！我們拿什麼跟人家比？臥虎藏龍，沒坐在旁邊的怪咖又有多少？

我以前就是沒有這個觀念，要讓孩子看雜誌，尤其在自然科學方面，也不知道兒子有興趣，還好他一路資優班上來，做過磁浮列車及氫氧電池的獨立研究，對其思考能力幫助甚大。興趣、提前、主動、好學及延伸非常重要，一藝之成當盡畢生之力啊！

可以失敗，但不能被打敗，失敗一時，失志是一輩子。知道落後要能急起直追，不要輸人太多。逝者已矣，來者可追，只要願意開始起步，都還有機會敗部復活，甚至逆轉勝！你我或孩子都是一個可能。

對不起，是我們不會帶你

如果你沒堅持、沒態度，
將來孩子失敗，
就不能怪孩子。
因為是你的關係。
你教他的，他學你的。

最後一週的急訓，從師大一回來，平時口若懸河的兒子，突然很沉靜，若有所思，也不再大鳴大放，判若兩人。

六點多，兒子趁我去買晚餐時，廁所門也不關，一邊上大號，一邊向在廚房內的媽媽感性告白，講到一半突然向媽媽對不起。

「這段期間因壓力大，脾氣大，對你們態度不好，讓爸媽很委曲，真的很抱歉。我知道你們在容忍，我也一直在壓抑自己。今天輔導員一直照相，我居然發了脾氣，因為不喜歡照相。現在想想很不應該，她對我那麼好……。」

「你們不要再講我一定不會輸、沒問題這些話，這些我都知道。但叫你們兩個不要講又不可能，我講一句，你們講更多句……我對自己未來很有信心啦！」

「那你就講你的，我們講我們的就好了。」

人非草木，孰能無情？當了十多年母子，這時有感而發的媽媽，淚水已奪眶而出，也向兒子道歉。

「其實是我們的關係。從小就打壓你，看不慣就罵你，是我們不會帶你，對不起！害你這麼矛盾、痛苦。」

「不要這樣想啦！你們沒打壓我，以後到社會也會被打壓，你『賈伯斯』看太多了啊？」兒子反而安慰起媽媽來了。

因媽媽剛看完整本的《賈伯斯傳》，一面說給全家分享看到賈伯斯調皮童年的成長背景，更能體諒接受兒子的處境。

兩人的真情告白，讓媽媽覺得兒子經過這三、四個月，忽然成熟長大了，一夕間怎麼變得這麼懂事？雖然選擇對媽媽說出心裡的話，是因媽媽比較「好欺負」，話也說不贏他，比較不具威脅性，而且媽媽一定會告訴爸爸。

這幾月讓他成長許多，會為別人著想了，知道對大人脾氣很大，態度很不好，反省自己，會自動低頭道歉，不容易。

這時兒子才承認，每週受訓回來就被打擊一次，星期日回來會裝作沒事，忍到星期一才發作。以前媽媽怎麼問，他都否認。

「為什麼不講？」當時百思不解的媽媽，現在得到答案了。

「為什麼要講？」

因為我出書的關係，兒子從小學時，陸續改掉許多壞習慣，他怕丟老爸的臉，也怕自己的不好行為被寫在書上破壞形象，難怪有位小學老師這麼說他：

「你爸爸都出書了，你還這麼調皮？」

所以他都儘量壓抑自己不犯錯、不調皮，但本性並不是乖乖牌的他，一直無法做自己，就演變成雙重人格的矛盾個性。

如果什麼都重新來過一次會比較好嗎？很難講，誰也說不定，調整一項也必定失去另一項。我們現在不擔心他的功課，只在意情緒壓力的抒解。

「我的人生就是學習、就是讀書，少了這個，我又剩下什麼？」

平日的莽撞輕率不見了，這個時候除了等候上戰場打仗，有急務在身、蚊負蟻運的兒子，好像所有事都變成雞毛蒜皮的小事了。

他也感謝父母這一段口子不離不棄的包容，總算都走過去了。捨不得孩子第一次出遠門又那麼久的媽媽，偷偷在棉被裡流淚，沒人知道。

「這條路不是我想走的，最近頭腦都停滯了，因為只忙著寫題目，我不喜歡，我要思考。可不可以不要去？讓有實力拿金牌的去，我的體力最多撐一小時！」

這句話他不知重複說了多少次，到了前一天還在講，不是真的不去，只是想講出心中的想法罷了。當然，父母的態度決定孩子的下一步走向。

那幾天也聽到太太對打電話來的讀者分享：

「媽媽，我告訴你，如果你沒堅持、沒態度，將來孩子失敗，就不能怪孩子。因為是你的關係。你教他的，他學你的。」

好多人稱讚我的孩子真不容易，小小年紀就得承受如此的壓力，真懂事、真優秀。我一定馬上反駁：

「亂講！你不懂！是大人先優秀、先用心，孩子是大人教出來的。父母沒教，他怎麼會？」

我說出來之後，大家都認同。

太太的一位朋友告訴她：

「我兒子就像我。」

原來是她讀國中的兒子喜歡名牌，她雖覺得不妥，但不敢指責，也一直供給。因為她自己做不到，當然也就沒立場怪孩子，除非自己先改。

從家中出發前三十分，兒子還抱著書苦讀，這種精神已讓我放心了，得不得獎回來已是其次。

刀要石磨，人要事磨，我的孩子成熟長大了，兒子會道歉，也驗證了父母身教的成功，誰又能否定呢？

南非，你用力給我玩回來

不怕百戰失利，
只怕灰心喪氣。
我不怕他失敗，
只怕他走不出來。

「我發現我都睡不著，在睡覺夢中都在寫題目。」

「那有沒有解出來？」

「醒來就忘了。」

隨著時間一天天逼近，五內如焚的兒子連半夜都夢到在解題，整個生理時鐘都亂了，家中氣氛雖不至於烏煙瘴氣，但每個人心情非常凝重、緊張、擔心，畢竟孩子第一次出國搭飛機，南非又那麼遠。

剩不到三天，賽前營回來的兒子，又開始發作了，不斷向媽媽訴苦：

「我當初為什麼要答應人家，佔一個缺？讓別人去也許國家多一面金牌。如果可以，我不想去。為什麼要佔這個缺？」

「真有那麼嚴重嗎？如果是這樣，你也盡力啦？不要想太多。」

「你都不知道，當初進去受訓時是差他們一截，現在變成差他們一大截。他們每次受訓都是神速的進步，但我這段期間是停滯的。」

「既然答應了，就應該勇敢面對、接受。頭不能洗一半。不要談金牌、名次，我只要你平平安安回來。」

本來媽媽對兒子超有信心，被兒子一講自己有多弱，也變得有點動搖及擔心了，繼續講大道理。

「就算你沒得獎回來，也不能全怪你，你已盡力了，也受訓四十二天了。他們也要負一半責任，是評審的眼光不好，為什麼選上你當國家代表隊？」

大家都笑了。媽媽繼續說：

「一切都過去了，明、後兩天請事假，在家好好睡覺休息，再出去比賽。記得去南非，你要給我用力玩回來，整個過程是值得的，至少讓你明白競賽這條路不適合你，回來做你自己，走你自己的路。」

可是，出國前二天……

「我好火大！錯七題！我完蛋了，啊是怎樣？慘了，二十五題錯七題，不用玩了，我快瘋了！」

接著「砰」一聲，嚇了全家一跳，我以為什麼物品爆炸了，原來是心情不好的他，在書房以手重擊書桌所發出的巨響。

「我要Out了、完了、好煩好亂！科奧一回來，我就要把所有的東西都忘掉，我不要只有公式，為了考試、比賽短暫記憶速成，這不是我要的東西！以後我不走這條路了。」

機關槍又開始連環掃射了，不中槍也難，身為父母的我們，也選擇最好的尊重方式——傾聽，連「屁」也不敢放，因為我們太了解他的個性了。

我和太太這段日子以來，被他訓練到心臟很強了，才能和乍冷乍熱的兒子和平相處至今。

「我死定了啦！我一定好慘啦！現在去考一定是大悲劇，生物又錯了三題，都不會，丟不起這個臉！」這時晚上十一點。

「好了啦，悲劇先生！不要讀，先去睡了。你要有『祕密』啊？你《祕密》看假的喔？」媽媽要他早點睡。

「生物快炸開了，要重寫科奧題目，我太悲慘了！」

過了十分鐘……

「靠……右邊！（這口頭禪不好，但他還知道在我面前不能講）這麼悲劇？答案和我不一樣？」

再過了五分鐘……

「喔！原來是我看錯答案，不是悲劇啦！」

生物兒子是出國前一週才讀進腦袋瓜的。

「以前看不懂、看不進去，現在突然看懂，但能看進去時，時間也沒了。」

「唉呀！過程結束了，不要再讀了，放輕鬆啦！我幫你請假，是要讓你休息睡覺的，不是自己嚇自己的。再告訴你一次，去南非那十四天，要給我用力的玩回來。」

「那是考好的狀況下，成績不好怎麼有心情玩？才怪！」

「不管！好壞放一邊，也許一輩子就這麼一次機會，學會放下、學會從零開始，回來再拚！」

「連玩不玩這個你也要管？歹勢（不好意思），將在外君命有所不受。」兒子開玩笑的回答。

其實我們三個所擔心的是一樣的。最糟的狀況，就是只有他一個人沒得牌，那種落寞誰玩得下去？你我皆然。

考完之後三、四天，他們會和教授們到開普敦、約翰尼斯堡、好望角……等地的文教機關參訪。兒子一年多來為了基測、科學班、科奧等重大考試，一直沒有放鬆過，老媽交代趁這個機會好好透透氣。

「相信你媽的直覺，運氣真的很重要。你考運很好啦！不要緊張兮兮的。」

「我寧願不要只有考運好，我要真正得到東西、得到知識能夠成長才是重點。」

「走了這條路很幸運，讓你真正了解，未來該如何走下去，已經非常值得，運氣很好了。」

「我只希望自己有成長。」

後來我發現家裡孩子桌上那盆「水耕植物」突然很會長，好茂盛。神經質的我們，非常時期什麼事都很敏感，是不是好兆頭或天有異象，就隨個人高興了。

都要去南非了，兒子一如往常，終日埋頭伏案，媽媽為了抒緩他緊張的情緒，一直吵他、鬧他，因為差不多了，該讀的都讀了，也開始準備行李。十四天的行程，問兒子要不要帶紙內褲？

「什麼是紙內褲？」

「用紙做的內褲。」

「那我們自己做就好了啊？」

「不行，你做的會漏水！」

原本想法是穿了即丟，減少帶回來的行李重量，但兒子不習慣。

「那你要買幾件？」

其實兒子專注看書，不想理你，更不想回答，他一定想：煩死人，書都看不完了還一直吵！

「有那麼重要嗎？我在讀書一直吵，那個不穿都沒關係！」

啊？這麼新潮？不穿內褲？我和太太在一邊偷笑。

原來不是只有我們家為十四條內褲傷腦筋，另一媽媽帶十條，她想到一個妙招告訴兒子：

「不然，剩四天不夠的，反過來穿。」媽媽開玩笑。

「妳怎麼那麼髒啊？」

她兒子當真了？要是我兒子，也許就照著做或懶得換，誠如他的那句話：「有那麼重要嗎？不穿都沒關係！」

不怕百戰失利，只怕灰心喪氣。不怕兒子失敗，只怕他走不出來。這一段路，父母陪他陪得很辛苦。不是陪成績，我們只在乎他的情緒及想法，還是那句老話要送他：

「不要活在別人的眼光下，盡力就是滿分！」

我就是「發發發」

他也怕人家誤會我們炫耀，
其實炫耀和分享只是一線之隔，
兒子說連分享都能免就免，
萬一沒得牌才不會丟臉。

因為兒子認為自己是六個隊員中最弱的，一再交代我們兩個老的要低調，甚至封口，不可大肆張揚。讓他默默的去、默默的回來，這樣沒得牌才不會被笑，弄得我們戒慎恐懼、草木皆兵。沒辦法，他就是這種個性，我們也照辦。

他還開出名單：「外公、外婆可以知道、舅媽可以知道……」其他不在名單內的，如果想說，也要「請示」一下，徵得孩子的同意。

低調、三緘其口，是因認為自己沒有那個實力。他總認為自己是因分數弄錯，才莫名其妙進入代表隊的。有一天晚上，太太打電話回娘家台南，是岳母接的：

「小舅舅問什麼時候出國比賽？」太太一聽，嚇了一跳。

「他怎麼知道？你告訴他的對不對？」岳母知道自己說漏嘴了，還一直狡辯。

「我哪有說？電腦按一按就有了。」太太只好姑且相信。

第二天她打給弟弟問明白，果然不是岳母所說的，電腦按一按就會出來，而是他回家時無意間不知聽誰說的，可見岳母的嫌疑最大，小舅舅只是不明說而已。太太還交代弟弟，不能再告訴辦公室同事，兒子的小舅舅反駁：

「拜託！能進國家代表隊已經不錯了好不好？」

他也怕人家誤會我們炫耀，其實炫耀和分享只是一線之隔，兒子說連分享都能免就免，萬一沒得牌才不會丟臉。

出國行前說明會，太太和我一同前往聆聽注意事項，主持老師說他們這一屆最散（脫線），還有一位教授特別拜託家長，回家特別叮嚀孩子考試時記得寫編號，因為今天的考試已經交代要寫名字，還是有兩位同學沒寫。

太太一聽不妙，上前詢問是否有兒子的名單，結果不出所料，兒子是其中一位。太太很不好意思的低下頭，向教授說聲謝謝。

出國前一天整理行李，要帶的東西真多，還包括公費的每人一套西裝、領帶、兩件襯衫、兩件T恤……，媽媽還特地準備巧克力、豆乾、核桃等零食解饞，怕感冒不舒服也買一瓶薄荷讓他帶去。

我也讓他帶一張百元紅色紙鈔，除了大紅喜氣外，也希望帶給兒子幸運。這張紙鈔是無意間人家找錢發現的，只是瞄一眼突然的一個動作，末碼是「八八八」，代表「發發發」，覺得好幸運，雖然不是很新，但在自我感覺良好之下，很寶貝的收藏在手提箱裡，跟著我每一場演講。

兒子要去那麼遠的地方，我只好讓賢放在他的行李箱裡，希望也能帶給他好運。他好奇自己拿出來，大聲逐字唸出鈔票數字：五九四八八八。

「啊？我就是發發發？太棒了，那這次去南非會發喔！」

我自己都沒發現這個諧音，只注意到末碼，沒想到前三個更有「玄機」。

為了女兒要去日本，兒子去南非（一個十月底、一個十一月底），我特地為他們辦一支月租八十八元的手機，我們家四個都是預付卡，無法漫遊。

因為兒子很脫線，所以出國前一天，媽媽手抄了三張同樣的紙條，交代他每天都要看，一張貼在皮箱、一張背包、一張放在褲子口袋，總計十項。

一、勿吃生食及撥好的水果。

二、早晚吃八顆藥丸，一天一顆B群及血紅素。

三、如果有就醫記得拿醫師診斷證明及收據。

四、考試當天，人參記得帶身上。

五、記得戴塑型眼鏡及拔眼鏡、要清洗。

「594888」這張鈔票，成為兒子去南非的幸運符。

六、考試記得寫編號。
七、記得考試當天要換乾淨清爽的衣服。
八、床頭放杯水每天換。
九、隨時鎖皮箱。
十、每天記得上大號！
我的天啊！有如孔明交代的錦囊妙計，妳當他六歲小孩啊？連上大號也要提醒？妳不會跟著去喔？
「拜託！一趟要十四萬，沒錢啦！」
「出國十大法條三張？他根本已經忘了這回事了還每天看？」
「相信我，他會看的，而且會得金牌回來。」老婆信誓旦旦的說。
「紗窗、紗門、換玻璃！」這時我學外面修紗窗宣傳車大喊。
「你和你兒子一樣壓力大喔！怎麼了？你兒子也是這樣亂叫亂叫！」
「不是，快要解脫了慶祝一下，而且有人在做夢。」
很奇怪！不管這一路上，兒子如何哀嚎，老婆就是對他的學習還是很有信心，但不會表現在兒子面前，以免徒增其壓力。

Part 3

國中老爸教出的金牌兒

我們不用去接機了

如果他沒得牌，回國時，
我們再到桃園機場接機。
得牌了，自己回來就好。

「啊！這個不孝子啊！叫他到南非不用打電話回來，還真的不打回來，也不知道坐了十多小時飛機，他媽有多擔心？」

明明是她自己叫兒子不必打，又怪他沒打？真是矛盾的媽媽！

其實到達目的地不到一天，可能先集中保管個人手機，考一天休息一天，比賽內容包括測驗題、理論題、實驗題三部分，分三天考，手機考完即發還。未出國前媽媽一直交代：

「當大會發還手機給你時，記得馬上打電話回來報平安。」

「你是叫我報成績吧？」

「拜託！你們跟教授們是分開的，我們會擔心。縱然你不報成績，網站早就出來了。」

大概有八天是完全無法聯絡的，到了南非後，馬不停蹄的兒子哪記得媽媽的耳提面命？

「兒子不打，我比較沒志氣，我打嘛！」但太太怎麼打都不通，不然就是關機。

終於等到第一通簡訊：「打不通，若有急事，請用簡訊，手機就快被收了，所以要快些。」

我們馬上再打過去，但打不通，心急如焚的媽媽只好以簡訊回傳：「爸爸問眼睛的問題戴眼鏡及點眼藥紙條記得看幾點考試衣服記得。」媽媽換了手機，心急不會使用標點符號，也不知兒子看懂了沒。

隔八小時後兒子再傳：

「無法撥通，電話即將被收走。抱歉。」

因太太打簡訊動作慢，所以將沒標點符號的簡訊加四個字「再次提醒」，其他一模一樣，再次傳給兒子。

兒子回傳：「九點三十到十二點三十，請加標點，謝謝。我要交了。」

太太看到到兒子回傳的簡訊，很高興回頭告訴我：

「沒標點看得懂，表示他心情放輕鬆，考試沒問題，不會連銅牌都沒有了。」

出國前太太一直告訴兒子：「你最大的敵人是自己，放鬆心情去考就好。」

這時哭笑不得的太太，又馬上用沒標點的文字回傳：

「你媽我不會不好意思。」

女兒回來，媽媽請她教一下如何使用標點，也告訴女兒整個經過，女兒哈哈大笑。

原來「你媽我，不會不好意思。」意思竟然是「你媽我不會，不好意思。」

接下來的比賽期間可謂是「音訊」全無，第六天太太做了一個夢：「怎麼兒子不理我？原來是自己先兇兒子所造成。」

星期日太太剛好校稿至此，問我有這回事嗎？我說有啊！你自己告訴我的，剛好孩子全在家，調皮的兒子馬上反應。

「這種事還要用做夢的喔！」全家哈哈大笑。

翹足以待的日子總是不好過，好不容易捱到第七天下午六點半，媽媽第一時間馬上用簡訊傳給兒子：

「結束了，不管是好是壞，都是好。放鬆心情開心玩回來，要報平安。」

第八天晚上八點十二分（當地時間下午二點十二分），太太手機〈笨小孩〉的鈴聲終於響起，拜手機簡訊回傳功能，知道兒子開機了，欣喜若狂的媽媽試著撥打手機。八天來終於第一次通上話。

「喂！好不好啊？」

「你東西給我帶太多了啦！這裡沒妳想的那麼落後，應有盡有，和我們那裡差不多，而且主辦單位準備給我們的食物超多，不會餓著啦！」

「好啦！平安就好。你有什麼話要告訴我？」暗指考得如何？敏感問題不敢直接問，怕被誤會只在意成績。

「都在簡訊裡。」兒子故作神祕，兩個母子諜對諜，一個不問，一個不講，也不怕得內傷。

「我沒收到你傳什麼？」

「平安。」兒子還是不說考得如何。

反正「省話一哥」的回答永遠簡潔有力，永遠只有幾個字。媽媽之前傳「要報平安」，也是回傳「平安」二字。

接下來，換我們夫妻研究兒子的成績近一小時。

「他會抱怨食物太多，應該考得不錯，不然根本沒心情。」

「妳聽不出來他口氣如何？」

「有點沉重，也沒很高興，也沒很難過，只抱怨東西帶太多，很冷靜，聽不出來，但會說這麼多，應該考得不錯。」

「啊？這麼會演？」

「不然我打去問他考得好不好，說他爸問的。」

「無聊，不用！」我只是好奇，怎可能這麼沉不住氣？

頒獎當天下午五點半，我馬上打開電腦，屏息以待最新訊息。近六點師大也傳來今年六位選手，都得到了金牌，台灣總成績世界第一，其他國家最多三面金牌。

六點，兒子傳回了三個字：「金，第二。」

我們兩個老的加起來快破百歲的人，不失赤子之心，像小朋友般互捶對方肩膀，然後擁抱對方，邊跳邊叫久久不停。實在太高興了，像回到童年時代那麼天真無邪。

我和太太終於能放下心上的那顆大石頭，兒子可以開心放鬆在南非的四、五天了。

出國當天送兒子到師大集合，回到家太太泛紅著眼眶對我說：

「如果他沒得牌，回國時，我們再到桃園機場接機。」

現在我們不用去接機了，得牌了，自己回來就好。

太早放手反而是一個錯誤

孩子的成熟、長大，
需要父母的引導及陪伴，
尤其是情緒，
太早放手反而是一個錯誤。

第八屆國際國中科學奧林匹亞競賽在南非德班舉行，共有來自俄羅斯、德國、澳洲、印度等四十國、兩百二十八名菁英學生同場競逐。

有一天南非駐外代表請吃飯，席中對兒子說：

「徐某某你媽現在很有名（報上有名），你們這些孩子，父母一定都是有頭有臉，當官或職位很高的人。」隨機抽一位問父親的職業？

「台大數學系教授。」夠震撼了吧？也有法官啊！

我問兒子，要是他問你，會怎麼答？

「國中畢業，失業中的無業遊民。」

女兒也曾對我說過，每次學校資料要填我的學歷就想笑，因為班上同學家長背景真的很嚇人，醫生、律師、會計師、……頭銜都是什麼「師」什麼「生」的。

「有什麼好笑？你爸雖然沒有『師』，但也有個『生』啊！」

「你是什麼『生』？」

「國中『生』啊！」

女兒大笑。

兒子在南非手機都是關機狀態，因沒帶充電器，省電。而媽媽會預傳簡訊，兒子的關機收不到也OK，只要兒子一開機，媽媽馬上知道，第一時間再馬上打電話給兒子。

「你是一整天閒閒沒事，一直打電話嗎？不然我一開機，你電話就馬上進來？」

「才沒那麼笨，我先傳簡訊，你手機一打開，我簡訊就回傳了。」

「那以後我不開機了。」兒子開玩笑的說。

「第二是世界第二，還是你們六個中的第二？」

「世界啦！」他很忙要去領獎，隨即掛上電話，也沒說要領什麼獎。後來才知是世界前三名的一起照相，第一和第三都是俄羅斯選手。

不久後媽媽又打給兒子，恭喜他。

「謝謝。」

「你有沒有好高興？」

「還好啦！啊！這次不準啦，題目怪怪的。」

「你管它?第二就對了。叫你放輕鬆就有了，沒錯吧？」

隨後我的手機直響，是記者，有中央社、聯合報等各媒體……。我忙寫書，電話都是太太代接。不久兒子也打回來插花：

「喂！你好。」因太太和記者在聊，我接另一支手機。

「我啦！」兒子也不說自己名字，我都忙得暈頭轉向了，真的一時分辨不清是誰的聲音。

「誰？」

「誰你的頭啦！我啦！」原來是兒子打回來抱怨我向記者亂說話。意思是要我低調，不能曝光我曾出書的身分。

「不是我說的啦！是你媽啦！」

「這裡記者一堆，煩都煩死了，記住，不要再亂亂講了。」

爆冷門的兒子很謙虛，許多記者打手機到南非採訪他，得到的標準答案，一律都是「運氣好」。

這晚講電話講到夫妻倆連晚餐都忘了吃，興奮到凌晨一點才睡。

訪問的內容雖非原音，但亦不失兒子原意：

「來參加只是因為大家都可以來，就來試試看，看大家回去拿牌很風光就來玩玩，後來就覺得這條路不是我要走的。我自己不是喜歡走比賽這條路，覺得沒什麼意義。我比較喜歡可以有自由空間去想像的東西，也比較喜歡做研究。」

「拿牌雖風光，但參賽壓力很大。喜歡思考和研究，不喜歡變成考試機器。」

「喜歡的科目是天文物理，喜歡自行思考。之前看到有人風光拿獎牌，所以參賽，付出的代價就是上課聽不懂，回家須苦讀，壓力真的很大。」

「總認為參加競賽是超過自己能力範圍，所以很少接觸比賽，直到為了考建中科學班才接觸科學知識，沒想到意外地考上奧林匹亞選訓營，但是上課常聽不懂。」

「這次得獎很高興，但有運氣成分。」

第二天早上恭賀聲不斷，電話接不停，各大報皆有刊登照片及姓名，女兒國中的英文老師家中沒訂報，是到外面吃麵看到兒子的相片；而女兒國中同學的父親，看到報紙上寫第一名和第三名是俄羅斯學生，徐某某則勇奪個人總分第二名之後，也高興的跳起來叫，打電話來稱讚兒子。

「兩個俄羅斯人中間夾一個台灣人，還好你兒子有去。」

我也馬上去買回四大報當紀念，並且和在台南的岳母通電話，要她快去買《聯合報》：

「上面有你女兒的名字喔！」

「啊？沒有寫你『徐把拔』的名字喔？」

「沒有。」

「啊？這麼漏氣喔？」

想不到岳母這麼幽默，還會挖苦我？不甘受辱的我，馬上反擊回去：

「但《自由時報》頭版有寫到『我兒子的父親』有出書指導民眾如何教出資優兒，這個你就沒有吧？」

我這個台南岳母說話也很寶，但想取笑我？門都沒有。

太太早就說了，如果沒得獎，要和我一起到桃園機場接機，得牌就不必接了，自己回來。

但實在太多人問了，得了金牌後我們確定不接機，科學班的同學及學校卻熱情的包了遊覽車，邀我們同往，盛情難卻，只好去了。

機場內早有多名電視記者守候採訪，兒子雖然喜溢眉宇，但看得出來滿臉倦容，原來感冒了，昨夜只睡四小時，一放鬆整個身體機能都垮了。回到校門口，校長也出來恭喜握手，導師也問明天是否要請假？

果然，第二天病倒了，爬不起來睡到中午，只能在臉書留言：感謝老師及同學們熱情的接機。

這一路走來實在很辛酸、很辛苦，終於陪孩子熬過來了。結局也這麼戲劇化、這麼幸運，表面上每個人都看我家孩子得金牌很風光、很羨慕，但卻不知道之前我們夫妻之前每天中槍、彈痕累累的那一段。

這時候我才能真正體驗出古人「十年寒窗無人問，一舉成名天下知」的寓意及情境了。

得獎之後，國教司將安排在二月，總統與教育部長召見。

「啊！我有三套西裝，要穿哪一套去總統府？」我拉高嗓門喊。

「誰要見你啊？不要臉！人家總統是召見孩子，又不是要見你，想太多了？」

「喔！可是我有五條領帶，要打哪一條？」我故意亂太太。

「五條都打啦！一條前胸、一條後背、左肩各一條，剩一條綁褲帶啦！」太太自己邊說邊笑。

「那我要不要去理髮廳吹頭髮？」

「我吹就好了啦！吵死了。」

我們家離總統府車程六分鐘。

「我要騎機車？還是坐計程車？說不定總統會派車來接我。」

「你瘋了啦！」

爆冷門的兒子賽後坦言，在整個參賽過程中，感到極大的壓力和不快樂，媽媽也支持他回國後就走自己的路，只要求成績不能有紅字，及格就好。孩子也學會珍惜，更能體會出「坐飲家鄉水也甜」的感受。

在家日日好，出外處處難。孩子的成熟、長大，需要父母的引導及陪伴，尤其是情緒，太早放手反而是一個錯誤。

汐止來的小孩迎頭趕上

許多孩子不知道讀書的好處，
現在我以真實的例子告訴你，
讀書不但可以脫貧，
還可以一夕翻身。

我自己當作者寫書，到處演講，想不到筆下的一位小子比我還紅，詢問度居然比問我還高。

很多讀者打電話，要打聽的卻是「汐止來的小孩」近況。奇怪，他們不問我的小孩，卻問「汐止來的小孩」？連演講時都有聽眾好奇的詢問。

想想也沒錯，他們沒辦法把自己的小孩，變成我的兒子女兒；但卻又可能成為「汐止來的小孩」。

看過我前面幾本書的讀者，應該都會有印象，我這第三個資優兒，從小學五年級連幾個基本顏色的英文單字都聽不懂，數學程度也普通的孩子，到大學學測的英文科居然考了滿級分十五級分，數學則是十四級分，高中沒補習，靠助學貸款讀完，卻在二〇一一年考上公費的中央警察大學。

我只在《我這樣教出資優兒》及《孩子的能力父母親決定》裡，稍為提到他小學及國中是如何打下基礎的，但既然大家一直逼問，我只好叫他親自到我的部落格留言，直接向大家說明了。

各位徐權鼎先生的讀者們：

大家好，我是徐爸爸第一本著作《我這樣教出資優兒》中提到的「汐止來的小孩」，今年剛從花蓮慈濟高中畢業，考上中央警察大學（原名中央警官學校）。

小學五年級那年，父親和徐媽媽在一次談話中，聽到了教育孩子的方法。父親知道了徐爸爸的教育理念後，也開始陪著我學習，開啟我不一樣的學習之路。

小學五年級的我，從未上過安親班，當時英文單字認不出幾個字，比起同年級的同學，進度落後不少，更別說跟那些從小補英文的同學比。其他科雖不至於跟不上學校進度，但也完全不知道要提前學習這回事。

前幾天接到了徐爸爸的電話，電話中他告訴我，有許多讀者問起「汐止來的小孩」，聽到他的聲音，往事歷歷在目。藉此機緣，我發文在徐爸爸的部落格。

一方面可以在書迷們面前感激他，另一方面也讓大家知道，「汐止來的小孩」高中三年未進過補習班，憑的是徐爸爸、徐媽媽給我的基礎以及學習的態度。雖然起步慢，卻持續不懈的真人真事，希望鼓勵讀者們：

只要肯努力，不怕你家小孩起步慢。即使像我這塊璞玉，只要經過悉心的雕琢，時間久了，也會變成令人賞心悅目的玉器，端看自己想不想。

學習的過程，最重要的就是持之以恆，才能有實力的累積。當年熱心的徐媽媽，知道我的狀況後，便為我規劃數學和英文的學習腳步，調整學習態度。

她要我從研讀英文雜誌《大家說英語》開始做起。每天從預習課文、認真收看英語節目並錄音，複習當週每一天的上課內容，對那時候的我來說，《大家說英語》就像天書一樣，幾乎每個字都要查字典，短短的幾句英語會話，往往得花上一個多鐘頭來預習。

半年後，徐爸爸與父親合請一位英文家教，讓我和他兩位孩子一起學習，每週兩堂課，並採取「No Chinese」的上課方式。

剛開始我真的是「鴨子聽雷」，徐爸爸的兩位小孩雖然年紀比我小，但是學習英文的起步比我早得多，所以明顯地感覺到實力的差距。徐爸爸和徐媽媽早知道這個問題，不斷地鼓勵我再接再勵，也花更多的時間教導，幫我英文發音正音、抽背英文單字等，也許是自尊心作祟，想要進步更多、更快，也不敢辜負徐爸爸和徐媽媽的付出，讓我更認真的學習。

過了半年，徐爸爸決定把教材進階到《空中英語教室》，對我而言很吃力，他們以「就是難才要學」鼓勵我，使我不畏懼地和他們進階研讀，正式與他們同步學習。

升上高中後，雖然人不在台北，但心裡總把持著徐爸爸教我的精神持續努力精進。終於在今年年初（二〇一一年）的大學學測驗收成果，英文成功挑戰滿級分。

升小學六年級的暑假，徐媽媽讓我知道寒、暑假是充實自己、補足進度、超越別人的好時機，也是提前學習的關鍵時刻。自那時起，徐媽媽利用自己休息時間，抄寫數學題目讓我每天練習，每當題目做錯了，就要我訂正。再錯、再訂正，再錯、再訂正……訂正到沒錯為止。

徐媽媽更是用了十二萬分的耐心及愛心，幫我批閱每道題目。持續三年下來，我的數學實力累積了不少，比同年齡的同學超越兩年的學習進度，使我在日後學習數理方面的學科游刃有餘，可以把學習的時間運用得更靈活。

對徐爸爸、徐媽媽的感謝，實在難以用言語形容。如果當初沒有遇上兩位，對於學習也不會有所正知、正見，也很感恩當初兩位對我的照顧，把我當自己的孩子那般教導。有時遇到挫折時，會有放棄的念頭，徐媽媽不管用利誘或威逼的方式都讓我繼續撐下去。

記得徐媽媽曾對我說：「今天逼你，或許你會討厭我，但是相信以後你會感激我！」由於我高中在花蓮念書，所以暫別徐爸爸徐媽媽三年，但這句話在短短三年間，我深深體會到了，真是感激不盡。

「汐止來的小孩」將進入警察大學受訓，又要消失一段時間……再次敬祝徐爸爸、徐媽媽身體健康、闔家平安、萬事如意、心想事成（因為名字就叫ㄕˋㄔㄥˊ）

也祝福徐爸爸的讀者身體健康、一切吉祥，您的孩子身體健康、學業進步。

其實我真的沒幫他什麼忙，都是太太在張羅。我只不過是當個精神領袖，出一張嘴巴負責訓話罷了，當小孩不乖時出來嚇嚇孩子，想不到臉長這麼嚴肅還有好處，可以讓孩子聽話。難怪以前有些小嬰兒原本微笑的臉，看我後居然無緣由的哭了起來，想來我要考慮存錢去整型了。

家有良田千頃，不如一技在身。他做到了，何況家中狀況不是很好又單親，還沒出社會就負債一身的助學貸款，許多孩子不知道讀書的好處，現在我以真實的例子告訴你，讀書不但可以脫貧，還可以一夕翻身！

這孩子態度出來了，想要就能做得到。我和太太已經不擔心這「第三」個資優兒了，也恭喜他！

每個孩子都是一個可能，不要輕言放棄！

這位「汐止來的小孩」，小五時連基本顏色的那幾個英文單字也聽不懂，數學一團糟；但與我家兩個小他好幾歲孩子一起重新學習，急起直追後，大學學測時英文滿級十五級分，數學十四級分，考上公費的中央警察大學，成為我家第三個資優兒。

雙薪很忙，那單親呢？

當初嫌累、放棄的人，日後除了後悔，就剩下羨慕的分。功課是一回事，願不願意下工夫才是重點。

「汐止來的小孩」在我的部落格留言後，我也回覆他：

汐止來的小孩：您好！

其實最該感謝的，是你的父親，沒有他敏銳的嗅覺，就沒有今天的你。

你剛來我家很可憐，連color幾個顏色都聽不懂，想不到現在高中英文考了個滿級分，還上公費的警察大學，每個月又有零用錢花，實在爽呆了！

你忘了以前徐媽媽要你每天晚上七點半，自動打電話來抽《空中英語教室》的單字，如果你沒打來，她就會打過去罵人，你總是理由一堆：剛到家、功課多、忘記了，要不然就是拉屎拉尿還沒背完。當初你多懶、多混？當時一定恨得牙癢癢的：你們大人怎麼這麼煩啊？

時過境遷，你現在長大了，或許才能體會當時大人的苦口婆心，而當初嫌累、放棄的人，除了後悔，就剩下羨慕的分。功課是一回事，願不願意下工夫才是重點，也就是態度。恭喜你了！因為你做到了！

也請你告訴姊姊，她和你一樣優秀，都是公費，都很懂事，很了不起！爸爸功勞最大，一路上很辛苦，記得日後多孝順爸爸及阿嬤。我們全家都以你和姊姊為榮，恭喜你和爸爸。

這是我對「汐止來的小孩」的回覆。幼承庭訓的他，留言讓人很感動，非常知道感恩、懂事的孩子，每當寒、暑假必定抽空來看看我們夫妻倆，我要他不要浪費時間，留著讀書，還是不聽話、厚著臉皮跑過來。

許多人有所不知，他背後其實是有一位偉大父親的成功教育及堅持。

許多讀者只知道他叫「汐止來的小孩」，但並不曉得他跟我一樣也是單親長大，一路辛苦備至的父親，眼睛一張開面對的是很現實的柴、米、油、鹽、醬、醋、茶，上有一位健康欠佳的老母親要照顧，下有嗷嗷待哺的一雙兒女，還要賺錢養家……

除了忙就是累，還要抽時間教育子女，把孩子教得這麼懂事。如今他出運了，女兒工作開始有收入了，兒子大學公費，當學生一個月還有一萬五的零用錢。

好幾年前這個孝順的兒子就和爸爸約定，將來的薪水一半要給父親。果然第一個月就給了七千五，比政治人物還有誠信，讓人喜出望外。

是背後的這位單親爸爸教得好，兩個孩子都會拿薪水孝敬老爸了。熱門的中央警察大學，將來畢業後起薪六萬多，還可以晉升加薪，許多人捨台、清、交國立大學搶進，就為了這個警官鐵飯碗。

很多博士還在流浪「家裡蹲」。還記得前幾年他高二時興奮的打電話給我：

「叔叔，您知道這次數學，我考幾分嗎？九十九！」

我很放心了，因為知道這個孩子已經讀出自信了。

學測時他要求自己每天背一百個英文單字，還學我寫在左手背上隨時可背。拿書、拿紙都不方便，左手一伸就有，很好用。

「叔叔，我還記得對您的承諾，以後我要在花蓮買一棟別墅給您住。」

好令人感動！（當然，我不是感動他打電話過來，我是感動那棟別墅……）。

為什麼這麼有自信？因為對自己有期許、有把握，成竹在胸。又有一次，太太大叫一聲嚇我一跳。

「啊！今天是母親節喔？」

哎！汐止來的孩子一大早傳簡訊，祝福太太母親節快樂，自己的兩個孩子都等到晚上回家了，還不知道今天是母親節。

前幾個月見面時我還「虧」他：

「哇！以後是做肝（台語「官」與「肝」同音）的喔！」

「做肫啦！」（台語「肫」為鳥類的胃，形容小物。）

大家笑成一團。放心啦！勤耕九年必有三年餘糧，絕對不能像個懶人一樣不搭窩，得過且過。

許多讀者說自己雙薪很忙，但忙和用心是兩回事啊！我雙薪、我很累、我很忙、我三代同堂、我先生不認同……一直到我理由太多、我後悔。你總有下班時間吧？

如今在我身邊，卻活生生看到一個單親爸爸，成功教育出兩個優秀兒女的真實例子。前兩、三年在台南後壁，一位單親媽媽替人幫傭，也教出兩名醫學生姊妹。雙薪喊忙，那單親呢？

雙薪，真的沒有喊累的權利。生而知之者，上也；學而知之者，次也；困而學之，又其次也；困而不學，民斯為下矣。

天上掉下來的日本

兩個孩子很爭氣，
出國都是公費，
一個考察，
一個比賽。

在高中的女兒很忙、很充實，社團是桌球社。原本認為優點是單純，輕鬆不必比賽，不會佔用太多讀書時間，想不到更慘。

每一位高中生都必須要有基本的公服時數（公共服務），因此高一的她，選擇在校的衛生糾察，專門負責學校大大小小清潔方面雜事。

到了下學期，學校要遴選「大衛糾」五位，由學姊引導見習，到了高二就可以獨當一面繼續帶領高一衛糾學妹。

女兒連想都不敢想，知道太忙，有時週六或放學後也有事，怕影響功課，所以放棄。

想不到人算不如天算，同學想參加，卻找女兒同行，好笑的是有意願的沒上，沒意願的女兒卻被看上了。有心栽花花不開，無心插柳柳成蔭，最後居然當上了大衛糾隊長。

當衛糾會很忙，學校辦各種活動如校慶、舞會、基測、學測、指考等……，一定要出席。每次早上六點四十要到校，有次舞會晚上十點多才進門。

當選了大衛糾，女兒有點後悔，媽媽卻一直鼓勵她：

「功課盡力就好，高中了更重要的是能力的儲備，這是得來不易的機會。」

女兒聽進了媽媽的話，總是以快樂的心情去服務人群，無論是安排人事，策劃活動動線……等處理大小事，儲備更多的經驗與能力。

選上不久後教育部來一紙公文到校，日本交流協會十一月初辦理「台灣高中生環境教育研習訪日團」活動，邀請我高中職學生赴日本訪問，增加我高中生防災意識、環境保護等認識及促進台日青少年交流，請學校推薦一名學生代表參加甄選。

八天七夜的兵庫縣神戶市、京都府，藉由參訪國家或地方政府政策及日常生活上之應用等案例，進而思考台日雙方社會今後之共同課題，有關環境保護及節能減碳議題，費用由主辦單位全額支出，全國所有高中生共選二十名。

既然是和環境有關，用心的學校當然認為大衛糾最適合。在個性上及認真程度方面，師長評估適當的人選，竟是女兒及她的同班同學，要她們兩個自己去協商。

雖然全台只選二十名，萬中選一，出線機率很低，但女兒的意願甚高，她馬上向這位同學請求，可不可以讓她去爭取？同學毫不考慮就應好，結果由女兒代表學校，自己也開始準備好幾頁書面審查資料，由學校審核蓋章，寄到協辦單位。

書面初審三十位，再進行面試篩選二十位，機會渺茫也可能石沉大海。但女兒佔一個優勢，她是大衛糾又是隊長，和此次日本行目的相關連，又不是去玩的；另外還要懂日語，她剛好又是修日語，基本對話問題不大。

果然如我所料，第一關她上了。

第二關是由協辦老師及日本交流協會的一位日本代表面試。不知道問些什麼？不準備也不行。

前幾天我就提醒女兒先查一下地圖，了解目的地大概地理位置及相關資料。前一天還把自己交去的書面資料複習一下，麻煩媽媽當老師抽問她，反覆練好幾次。

當天在火車上，我也抽問五花八門的問題，讓女兒不緊張建立自信，還提早一個多鐘頭到，我們也沒浪費時間，一直演練對答模擬。

我也提醒她一定要保持笑容及應有的禮儀，以自身的熱忱感動評審老師。儀容整理整齊，手機關掉，這是基本禮貌。進去之前我還提醒襪子要調到同高，頭髮撥正夾住。記得鞠躬，眼睛要看老師。

我笑說為了十分鐘的面試，女兒花了近十個鐘頭準備，結果老師問的大多以學生自己寫的書面資料，也就是圍繞在大衛糾的工作，而這部分女兒最在行，侃侃而談，很自然很輕鬆。

因是中午前最後一個考生，時間到了，老師還一直好奇的問，當下她心裡就知道上了，有興趣才會一直問，沒興趣就會要你快走，怎麼會一直問？

離開教室前，以日文的謝謝老師作為結束，女兒自信的走進去，微笑的飛奔出來對我說：「我很有自信會上。」

我也知道她表現得比練習時還好，都不緊張了。我們練習的題目，老師都沒問，卻展現了她的自信及台風，心中很踏實不怕被考倒，心安了，沒有去「賭賭看」的僥倖心理，臨場感已穩定七、八成。

因很少來新竹，女兒要求去逛百貨公司及吃午餐，但我發現專櫃小姐都怪怪的，還有幾個竊竊私語，也有指指點點、偷笑的，怎麼了？是我褲襠的拉鍊沒拉嗎？後來想一想才對女兒說：

「下次絕不單獨帶你出來逛街，人家一定誤會你是我的『小三』，笑我老牛吃嫩草啦！」

女兒直笑，回到家說給媽媽聽，太太也說好笑，女兒並自我宣布：

「我上了。」

她很自豪是家中第一個出國的，弟弟是第二個，兩個孩子很爭氣，出國都是公費，一個考察，一個比賽。

第一次出國的女兒興奮至極、樂不思蜀。從日本打手機回來比較貴，都是打回來報平安後掛掉，再由媽媽打到日本較便宜。

「好好玩喔！」

「好討厭！只剩兩天就要回去了。」

「完了完了，功課都忘了！」

去日本前擔心功課，到了日本卻擔心只剩兩天，昏倒！

十多年來，第一次兩個孩子都不在家中過夜，一個受訓，一個在日本，好不容易可以睡到自然醒，我故意說：

「別傻了，說不定明天一大早就有人打電話來。」

「你嘴巴別這麼臭！電話線都拔掉，剩手機就好。」

「那一大早手機一定會響。」

「你嘴巴再臭一點沒關係。」太太罵我烏鴉嘴。

講是這樣講也沒放心上就去睡了，想不到七點多的早上，真的手機響了。

「你這個『喂喂喂』是誰啊？禮拜天一大早……。」

好不容易想睡到自然醒……原來是女兒交代幾點飛回來。

「你幹嘛這麼早打？我們好不容易有一天可以自然醒的。」

「弟弟不是要去師大嗎？」

「小姐！今天星期天耶！」真是有夠「憨直」。

「啊？不是星期六嗎？」

太太要我不要再亂說話了，說好的都不準，不好的都準準準。

禮讓女兒的那位同學回家告訴媽媽，結果被罵笨，免費的居然讓給人家？我問女兒，如果同學也堅持去日本那怎麼辦？

「我會讓她去。」

難怪人緣好，如果別人要，她不會爭。

回台後，導師要她上台談這次的日本行，同學一直問她好不好玩？

「比想像的還好玩！」

寧犯天條，勿犯眾怒。同學們說真想揍人。開學後，學校要她上台分享考察經驗，而台下近三千人，我看她的腳又要發抖了。

不積跬步無以至千里，不積水流無以成江海。與其說天上掉下來的禮物，倒不如說平時我們就積極努力準備，迎接每一項挑戰及機會。

你看對了事，卻錯看了人

快樂是要能延續一輩子，
才是真快樂，
絕非僅是小時候的玩樂。

台南一所國中飼養的梅花鹿，深夜連續遭攻擊，母鹿死亡、公鹿受傷。校方檢視監視影帶，發現凌晨有五名青少年，手上拿著棍棒，甚是可疑。

網路上也開始人肉搜索了，一片漫罵聲。但後來警察出面作證，確曾接獲報案，有野狗在攻擊梅花鹿，五名青少年為了救鹿才拿棍棒趕狗，反而被誤會是殺鹿。校方再調出前一天的影帶，真有五、六隻流浪狗在鹿舍狂吠，網路鄉民冤枉了好人。

我們社會有言論自由，大家卻習慣流於看到黑影就開槍，只會批評。這五位青少年花了不到六天就洗刷冤情，我卻花了六年！

從六年前出第一本書開始，批評的聲浪即排山倒海而來，例如說我剝奪了孩子的快樂童年、給孩子的壓力太大、根本不懂教育等等……其實說這些話的人，無論是酸葡萄心理，還是炫耀本身很有學問，我都不放在心上。

在俞老師那裡的第一次演講，有幾位老師來取經，其中一位待我講完後，向一旁的家長丟下一句：「小時了了，大未必佳。」

俞老師聽到這句話，因為怕我難過，自己放在心中六年，不敢告訴我。其實我早已習以為常，現在是金鋼不壞之身了。

多年前許多人以放大鏡檢視，要看我們笑話，前幾天還有一位讀者打電話來自己承認：「我也是其中一個。」說完自己不好意思的笑了。

也有好多讀者第一本看到不買，第二本、第三本……直到第四本女兒上了高中，初步成果出來了才認同，回頭再買前三本。這回不好笑了，因為別人的成果出來了，自己的問題才正開始發作了！

也曾有位老師批評我太早宣布小孩是資優兒，小學第一名真的不算什麼，希望把童年還給孩子，不要把過多的功課壓到孩子上，要家長不要執著於超前學習。

他還提到超前學習是自己想要的才算，如果是父母安排，這叫另類填鴨。他也希望我不必大肆宣傳「教出資優兒」，還反問我的「超前學習」，有多少是出自孩子的自動自發？

我真的非常感謝這位老師的指教，雖然心中難過了近六年。但法國思想家伏爾泰說過：

「我不同意你所說的話，但我絕對支持你有說話的權利。」

這位老師犯了許多讀者的毛病，就是「有看沒有懂」，眼睛看到的就只有字面上的「資優兒」，斷章取義認為我們只看重孩子的功課，卻不知我們更重視的是品行及做人做事的基本態度。

「他不了解我們，太早下評論，沒關係。『路遙知馬力，日久見人心』，以後兒女長大會替你平反的。」太太這樣安慰我。又繼續說：

「光看兩個孩子那麼陽光燦爛的笑臉，也知道他們非常快樂，被填的孩子會有這種笑容嗎？『相由心生』沒聽過啊？有我這個快樂媽媽在，孩子怎麼會不快樂？不懂！」太太說得真不要臉，但也是事實。

我的兩個孩子，目前非常快樂的為自己讀書，自動自發的程度令外人落淚感動。只有成績你就滿足了嗎？也許其他的父母這樣就滿足了，但我不可能滿足。品格更嚴格要求，很多人不懂就大放厥辭，見樹不見林，自己又做不到。

不快樂？現在兒子還怪我以前給他太少，給他太快樂，目前積極買原文書看，這我逼得動嗎？是百分之百的主動。

在月考前，女兒有時自己撥鬧鐘五點起床讀書，很多很多的習慣，都是在小時候大人的堅持所養成的，你又不是我的孩子，怎能下斷語說孩子不快樂？不主動？

以自己經驗？那別人的經驗不是經驗？以常規判斷不會凸槌、失準嗎？

我的兩個孩子，享受著別人沒有的快樂；但多少秉持快樂童年的孩子，到國、高中才開始在水深火熱之中。

這位老師的心態，說穿了就是一種「中產階級的傲慢」，總是以自己穩定經濟的基礎，來評論其他不同背景的家庭，這是不公平的。

我出書的原意，就只是想鼓勵每個孩子、每位父母，只要努力，就有機會。

童年只有一個，難道中年有兩個？快樂童年，痛苦中年？當孩子在小的時候，分不清楚什麼叫痛苦或快樂時，你給他快樂；國、高中了，他知道什麼叫痛苦或快樂時，你卻給他痛苦，叫他補習、叫他睡不飽？這又對了嗎？

快樂是要能延續一輩子才是真快樂，絕非僅是小時的玩樂。

很諷刺的是我到處演講，講給老師、校長聽，贊同我理念的師長不計其數，有的學校還一直再次邀約，這又證明什麼？

太多太多老師找我，各行各業，記者、醫師……甚至有博士、教授專程從高雄來找我上課，這些人都錯了？誰說了算？記者？醫師、校長、博士、教授？還是這位自以為是的老師？

這麼多年來，大家喊著教改，教育部長更是五日京兆，都說要解決孩子的功課壓力，都說要讓補習班關門，結果呢？現在的孩子比從前還累，補習補得更多。

當我在趕稿之時，太太又接到一通台南打來的媽媽，特別感謝我們的指導，提到前幾個月孩子鬧情緒、不讀書時，她說：

「真的，孩子已經有改變了，謝謝你！」

「要感謝你自己肯改變啦！」

這種感謝電話不計其數，改變了多少家庭，也救了多少孩子。

兒子科學班三月還要去新加坡海外教學九天，費用是五萬元。

「啊？五萬？萬一家裡不是很好過的人怎麼辦？」我問兒子。

「基本上能考到科學班的，家中怎麼可能沒錢？」

「可是我們家哪裡有那麼多閒錢？」

「你不覺得我們家什麼事都特例嗎？」

我無言以對，兒子說得沒錯，我們家什麼事都和社會模式不同，什麼都特別，絕非外人常看的九成九常規。

批評我的人沒錯，是我的錯，因為我畢竟是少數，即使投票也輸人。但我只能對這位老師說：

「你看對了事，卻錯看了人。因為你看到的那個人是我！」

Part 4

零至十歲的關鍵教養

人家父母不陪也上台大？

我的理念很簡單：
拉資質不好的一把，
資質好的，
拉他更上一層樓。

這是一位媽媽（忠實讀者）對我求救的問題。

她非常認同我的教育理念及方法，所以對六歲的兒子在品行上很嚴格，課業上認真提前。阿公看了很不捨，對她說：

「人家某某人隨便讀，父母不陪也上台大醫學系。」

這句話讓她心裡很受傷，加上鄰居及親戚家族間的閒言閒語，她都快撐不下去了，每個人都眼睛大大的等著看她笑話。

「是啊！她阿公說的也對。」我回答她。

但請回答我，是父母不陪上台大的多，還是陪了上台大的多？也許成績是上得了台大，那品行、情緒有上台大的水準嗎？難說！

社會版常看到名校高材生，甚至有一研究所榜首，因壓力大克制不了衝動，看到穿短裙的女生就想要偷拍。如此高學歷資優生脫軌行為，當然是和家庭教育不無關係。

另有一位國稅科科員通過高考財稅、普考、初等稅行、基北北區財稅、稅特三等北區財稅等公職考試，前途一片光明，誰考得贏他？結果他跑去向一位中醫師索賄被判刑兩年。

很抱歉，品行又不算分數，情緒管理也沒人重視，這一塊大家不屑討論，只知道課業好就有機會上好學校，造成有些孩子的行為和自己所讀的學校校名，很難連結在一起。

言十妄九，未見全貌，看見黑影就開槍。姑妄言之，姑妄聽之！她聽進了我的話，不要理會這些人。懂的人不會批評妳，稱讚妳都來不及了。為何要在意那些不懂的人？

兩年後的現在，媽媽把兒子帶得非常棒，上小學後在班上人緣非常好，因為她也交代兒子，一定要幫助同學，解答課業，如同我書上寫的我兩個孩子一樣。

這些優異的表現，阿公也看在眼底，居然要出錢給孫子上安親班，想要讓功課更棒，但這時反而是媽媽覺得不必要，因為只要跟著我的書去做就夠了。

兩年，只要兩年。我的書，加上一個認真去實踐的媽媽，讓固執的阿公無話可說，我從不談大道理，只看成果論。

有個老師告訴了我一個真實故事，一位孝順懂事的國中生，因為父親喜歡賭博，每天沈溺於牌桌。兒子為了讓父親戒賭，於是每天都跟著父親坐在牌桌旁，故意不讀書氣老爸，叫他回去讀書也不要，都要考高中了……除非爸爸不賭跟他回去，但沉迷在牌桌上的老爸哪裡會肯？

後來孩子還是考上建中，老爸嘆了一口氣：

「孩子沒什麼讀書也考上第一志願？要是當時我不賭陪他回去讀書，那不是榜首狀元了嗎？」

是後悔呢？還是不滿足、太貪心的馬後炮？不知道。

但我知道一件事，這種懂事、肯上進的資優孩子真的不多，你能保證自己的孩子是屬於這一類型的嗎？還是要賭一次？人家父母不陪也上台大？那品行、情緒不用陪嗎？

我不敢。所以，我的理念很簡單：

拉資質不好的一把，資質好的，拉他更上一層樓。

學的一樣，效果不一樣？

教材相同，
孩子也差不多資質，
為什麼效果不同？
其實重點是父母的用心及努力程度。

前年在楊梅的一所小學演講完，全場反應異常熱烈。由主任帶頭發問，原本九點要結束的，結果問到十點多。

其中一位看過我書的媽媽，帶著兩位小朋友來聽講，問得非常到味：

「徐老師，聽你說的好像某課程有多好，我和你學一樣的課程，效果為何不像你說的這麼好？」

一般講師遇到這問題大概就完了，有些乾脆不回答，或支吾其詞、模糊帶過。

「這位媽媽，你有像我一樣，把英文單字先查完預習消化再教小朋友？」

「沒有。」

「那你有像我一樣，孩子去教室前中翻英、英翻中驗收完畢？」

「沒有。」

「那你有像我一樣到現在還在看書？」

「沒有。」

這位媽媽自己笑得不好意思，全場聽眾都笑成一團。

「這位媽媽，你什麼都沒有，卻想有我們一樣的成果，怎麼可能？」我們用的教材相同，孩子差不多資質，不同的是父母的用心及努力程度。教育不是全丟給老師、學校，家長也要負一半責任，不然也只能有一半效果。

台灣之光世界冠軍麵包師傅吳寶春，去年中宣布不再授權，因有人反映當時授權、當顧問，但合作店家賣的麵包並不好吃。奇怪？配方是公開的，是吳師傅的配方，也到店中教其他師傅做，一次一次確認做到好。

材料一樣，配方一樣，只有做的人不同，用心度不同。看人挑擔不吃力，自己肩頭叫苦惱。看和做是兩回事。

「我也都看你們的書，怎麼孩子沒像你們孩子這麼優秀？」另一位媽媽很好玩的告訴太太，自謙像我女兒一樣「憨直」（腦筋轉不過來），創意零，看不懂，非要人再點一下才行。所以太太在電話中，花了幾十分鐘解決她的疑惑。

「媽媽，我不是要你去看，是要你去陪，陪得認真，成績自然就會上來。這完全看你的執行度及精神，陪要陪到孩子的心坎裡。」

在女兒小學時，不懂自然課本中說的什麼叫雙子葉，什麼叫單子葉？平行葉脈？網狀葉脈？怎麼解釋、怎麼形容就是不懂。

吃完晚餐，我馬上跑到公園，撿好幾片樹葉回來向她實體說明，這樣她不必一分鐘就了解了。我是這樣陪的啊！「用心」二字而已。

許多父母陪伴孩子的方式是說一套，自己卻做另一套。叫孩子進房讀書，自己在客廳看電視也從來不看書，最多看個八卦雜誌。曾有孩子不平的數落自己父親：「我爸叫我不能做的事，他自己都在做；但叫我做的，自己卻又不做。」

在這種環境長大的孩子，小時會隱忍、會陽奉陰違、會學你、會聽你的話；青春期到了懂事後，脾氣會爆發、會頂嘴、會衝突、會不服你。不服你是因大人做不好，反被大人解讀為不聽話，為什麼要聽一個沒有以身作則的人的話？

就因為他們的稱謂叫爸爸或媽媽？甚至叫老師？那叫以上壓下。

在教育的範圍裡，只有是非，沒有大小。做父母的若只是一朝權在手，便把令來行，當然帶不好孩子，而且長愈大距離愈遠。

以前開車時，我常把車子停在馬路邊的停車格。晴天還好，一到下雨天，拿起雨刷下的繳費單，全都糊了、破了。但看看另一路段雨刷下的單子，卻又乾乾如也。

原來這區的抄費員較貼心，把單子放入透明塑膠袋再夾在雨刷下，雨怎麼大都不會溼。同樣是抄費員，一個被稱讚，一個被罵，就是差一個用心的動作。

曾看過一位老師的感慨投稿，文中提到兩位學生都沒寫功課。打電話給第一位家長，得到的反應是：

「啊！他竟然沒寫功課？好，我會跟安親班老師說，如果這家不行我再換一家。我現在有電話進來，謝謝老師您打來。」

但打給第二位家長，得到的回覆卻是：

「老師，謝謝您付出心力，下課留他寫功課，他最怕的就是禁止下課。也請您告訴他，說爸爸已經知道了，如果再沒寫作業，我就禁止他假日玩電腦。即使我去上班，也會把電腦線拔走，讓他不能玩。」

從此以後，第二位家長的小孩，作業沒再缺交過；但第一位則依然缺交。有位老師因此告訴我：

「徐把拔（徐爸爸）說的對，孩子的能力，父母親決定。」

另一位照我書用心去做的讀者，她拿我的書給先生看，要他配合度高一點，

「好啦！以後我慢慢改。」

有一次這位媽媽下班回來，看到女兒在寫功課，先生卻在看電視，火冒三丈的媽媽，撂下一句話：

「你再看我就把電視砸了。」

這時女兒緊張了，趕快跳出來勸爸爸：

「爸不要看了，萬一媽真的砸了，以後我們兩個都不用看了。」

女兒這麼說，嚇得爸爸趕緊關掉電視，讓女兒專心讀書。我敢保證，這個家庭的孩子，一定能和我們家的一樣優秀，關鍵就在家長的配合度不同。

唉！類似的問題太多了，層出不窮。另一場演講的學校主任，讀小學的兒子數學只考五十九分，問我怎麼辦？

「主任，你有沒有像我這麼用心？」

「沒有。」

「主任，你有沒有像我這麼會說話？」

「沒有。」

「主任，你有沒有像我這麼帥？」

「沒有。」

「你什麼都沒有，五十九是正常的。」

主任笑歪了，不及格和帥不帥真的有關係嗎？也許他正思考這個問題。

總之，有為者亦若是啦！

父母難為？

「媽媽！妳打電話給徐媽媽啦！我真的好想徐媽媽。」

一位來我這裡上課六小時的小一生，一直「ㄌㄨˊ」著媽媽。

「我們這麼有魅力喔？」太太的尾巴都翹起來了。

「孩子回來之後，真的差很多，改變很多。」難掩自己的喜悅。

當時小一生上完課要回家時，看到我家的獎狀牆，說：

「母啊！人家徐爸爸家獎狀那麼多，回來你也給我貼一、兩張。」

回到家後他態度大變，大概努力想多得些獎狀來貼他家牆壁吧！

這位住雲林的媽媽，不斷打電話來感謝，並一路修正自己的觀念，不懂就問。

因為我們看過孩子、了解孩子。

很奇怪？孩子非常願意聽我和太太的話，所以上完課後就改正，以後也就只要打一通電話就能解決。

父母難為這句話，
是努力「為」過的父母，
才有資格講的。
只檢討孩子，不檢討自己，
是絕對不會成功的。

「每次走走走，走到不知該怎麼走時，幾本書就重新拿來看一下，就知道怎麼做了。」

這位小一的男孩會想我們的原因，是在於來了一趟台北後，改變了他的命運。之前爸爸會罵他笨，媽媽會打人，但我看了看發現，爸爸比兒子更笨啊？怎麼有資格罵兒子笨？所以我規定從今天起，都不准罵笨或動手打人，孩子當然很想我們，銘感五內。

「徐媽媽，我好想你喔！」

「你想我喔？還是想我家的餅乾？好感動！爸爸現在還有沒有罵你笨？」

「沒有。」

「媽媽還有沒有打你？」

「沒有。」

「難怪你會想徐媽媽。」

三個月前他們一家來我家，回去後一切就都變了。孩子不會被罵笨、不會被打，感恩的孩子當然非常聽我們的話。

後來這位媽媽又因為老師教自然發音，而她教兒子ＫＫ音標，兒子不聽，母子衝突不知怎麼辦？孩子抗議說：

「老師教這樣，你教那樣？」

不與媽媽配合，媽媽只好打電話求救。太太一聽，馬上告訴孩子：「自然發音聽老師的，KK音標聽媽媽的，這樣有衝突嗎？」

「沒有。」

太太的一句話，孩子馬上聽進去，孩子都聽別人的話，不！應該是說服我們的話。

這位媽媽很早就想來台北，但太太勸她不用大老遠從雲林跑來，因為她的教養態度沒問題。

可是幾個月過去了，總覺得好像缺了哪一環節沒打通，少了一塊。太太只好對她說：

「妳可以不必來，但如果堅持要來，絕對可以更好！」

這孩子原本在家給他的課業太多，壓力大到會夢遊，媽媽說孩子很會拖、很會摸，和同儕聊天，功課寫很慢，時間都不見了，提前的數學瓶頸也過不去，很會頂嘴。

媽媽說了一長串孩子的缺點，也許她早已累積多年的「宿怨」，這樣的媽媽不打小孩才怪。

但孩子到了我家，這六小時裡也是寫功課、背單字，我也實際示範操作短程教法給爸爸、媽媽參考，為何孩子在我們家就很願意寫功課？臨走前還跟爸媽說，下星期還要來。讀者們別誤會，我家不是遊樂場、不是動物園；但孩子的表現是很自然的，因為大部分有問題的都不是孩子，而是家長。

送孩子到捷運站時，他又跟我預約了：

「下個禮拜我還要再來！」

「啊？你再來，但我可能會累垮！」

「我就是要你累垮！」

這麼聰明的孩子，何笨之有？他還約我到他家住一星期。

夫妻倆上完課後並肩合作，倆人一起精神喊話：

「金功獎我負責（數學提前四個學年），英文你負責。」

經由我們有效的時間管理及讀書方法，打開大人與小孩的罩門，回到家不到一個禮拜，她再打電話給太太。

「上完你們課回來很忙ㄋㄟ！不過很有效，孩子回來好像換一個人似的，很專心、很認真，態度改變許多，連老師都看得出來，孩子改變非常多，謝謝你們幫我們這麼多。」

「要感謝你們夫妻倆這麼用心學習，當你們的孩子會很幸福。」

回去一個月內，爸爸還會不經意，習慣性的罵兒子笨，想不到兒子反擊回去：「人家徐媽媽說你不能再罵我笨！」從此父母兩人不再罵，改掉了。

孩子在我這裡寫功課，也會一心兩用聽我們大人說話，太太只對他說：

「你沒問題的。」

孩子相信了這句話，一回家居然認真專心起來，還一直講：

「我要寫快一點，不要聊天了！」

最難的那個瓶頸，終於也跨過去了。這位媽媽也學我把單字寫在手上背，跟著孩子讀《大家說英語》，並和兒子一起學習。

第一次月考媽媽沒理他，順其自然的考，成績還可以。期末考媽媽按照我的方法操練，結果成績非常亮麗，四科平均九十九點多。孩子拿到成績單很假仙拿到阿公面前：

「阿公！你也幫我看一下，這上面寫什麼？」

「啊！第一名啦！」

「什麼？老師給我排第一名喔？」

不到三個月，連阿公的朋友都感覺得出來，孩子怎麼改變這麼多？連老師都覺得好奇怪這孩子怎麼變了個人似的，脫胎換骨？媽媽不敢跟老師說是因為到台北上我課的關係。

太太特別問孩子「快樂嗎？」

兒子回答：「快樂。」

媽媽也說兒子回到家後動作加快很多，改變很多，雖然很遠但受用無窮，值得！

太太再次提醒這位媽媽：

「你現在還有沒有打孩子？爸爸還有沒有罵他笨？」

「沒有。」和孩子再確認後才放過兩個大人。

孩子要有本分，但大人也不能太過分，要先洞燭機先，凡事才能如魚得水。

這對夫妻的改變算是非常成功，雖然還要上大夜班很忙、很累，教育孩子卻不遺餘力，不敢喊累，兒子也很孝順，再怎麼好吃的，一定留三分之一給爸爸。經過我們的微調後，就不會有死角及做白工。

這媽媽向太太連聲道謝，直言真值得。因為兒子從來沒跟人講這麼多話，唯獨跟我們家。例如新年到了，他會說：

「徐媽媽新年快樂！」

「喔！你都沒有想徐爸爸喔？」我在一旁插嘴。

「喔！徐爸爸也新年快樂！」

媽媽也直稱讚：「你們好像算命師，好準喔！」

親戚的一位孩子好聰明，小一功課好棒，可是父母卻因快樂童年的迷思，放任孩子虛度光陰，功課從小二起就節節敗退。

有的孩子掉太快了，卻也有的是進步太快了，差在哪裡！差在父母的一念之間。

父母難為？父母不是難為，是不會為、不肯為，不知如何為、以前沒為、還沒開始認真為，何來難為？

父母難為這句話，是努力「為」過的父母才有資格講的，世界上的事物沒有絕對的成功，只有不斷的進步。

景氣差？還是自己差？有沒有下定決心要突破？要學習如何做父母？永遠只檢討孩子，卻不檢討自己的父母，是絕對不會成功的。

為什麼別人都可以？我都不行？就差在你想不想要的這個態度，這態度影響你孩子一輩子！

小一學《大家說英語》，真的可以嗎？

即使一個觀念要一萬多元，
能改變孩子也是值得的，
何況只是幾千元的車票？

徐爸爸、徐媽媽：

我是某某的媽媽，謝謝你們教的讀書法，真的考滿分的第一名。小朋友好高興，其實大人更高興，我們會繼續加油。祝新年快樂！

離農曆過年十天，距離找交稿日則剩八天，太太收到這封簡訊，真為他們高興。也讓我回想起三個多月前，這位和太太同為護士的憂慮媽媽。

「你根本不用來，孩子的功課絕對沒問題。」

這位媽媽還是不放心、不死心的找太太聊天，主要想學如何把兒子的英文帶上來。她覺得小一學英文、背單字怎麼可能？自己帶就是上不來，有點挫折感，也不知道哪一個環節出了問題？

「好！如果你認為有困難，我讓你來。」

這位護士媽媽在預約課程的過程中，曾向太太提到：

「長輩因家族因素不吃羊肉，卻不對孩子明說，每次碰到總是說些諸如『這不要吃』、『這不好吃』之類善意的謊言，能閃就閃，每次都避開這個話題，孩子詢問也不說明真相。」

太太聽到這樣的處理方式，馬上糾正那位媽媽，這樣的教養是嚴重的錯誤，「代誌」大條了。

大人的觀念如果有偏差，就算把孩子成績推向頂尖，依然會擔心只是曇花一現，甚至將來品格上出問題。

目前孩子不懂沒錯，但能騙到何時？萬一孩子在外面偷吃怎麼辦？他長大了發現真相，大人又該如何圓這個謊？

大人們要始終牢記，孩子是看著你的背影長大的啊！

當務之急，你應該告訴孩子真相，解釋為何不吃羊肉，而不是用各種理由搪塞，不然以後孩子騙大人也很正常。

這位媽媽很有智慧，馬上召開家庭會議，召集阿嬤、爸爸、孩子坐在一起向孩子道歉：

「媽媽之前的說法是錯的。」

媽媽向孩子說明，為何他不能吃羊肉的真相。經過認錯、解釋後，兒子能理解之前大人的苦衷，大人也如釋重負，以後不必再閃閃躲躲，心中輕鬆踏實許多。

這才是真教育，父母不能只注重分數。

課堂上我主要教媽媽、爸爸、阿嬤，這整個家庭要用對的方法陪孩子，釐清他們錯誤的教養觀念，也示範如何帶孩子讀英文。

當天我的方法，就是讓小一的孩子當場背完當天的雜誌單字，孩子的媽媽嚇一跳，因為她帶一段時間了，也很用心帶，但效果有限。那天也真開了眼界，直呼好神奇！

那時上完課，我送一家人上車，她兒子居然不讓我走，拐我上車把車門鎖住，要我去他家住兩天。我記憶猶新，太可愛的一個孩子了。

回去之後，媽媽也持續修正，陸續打電話詢問。第七天後告訴太太：

「超誇張的，正確率百分之百！」

當初是不會帶英文的媽媽，要來之前，還有點質疑的問我太太：

「你不要讓我上了課回去漏氣喔！」什麼？懷疑我的功力？

「不可能！除非你不努力。」聊天當中，太太又發現這位媽媽帶孩子的方法及態度不對。

這位孩子好聰明，不想受約束。有一次，自以為很厲害，自行放學走回家，害阿嬤癡癡的等，以為孩子不見了，緊張得要命。

回到家要孩子道歉，可是他不認為自己有錯，阿嬤氣得要回老家高雄，不帶他了，孩子一直求阿嬤不要回去，卻又不肯認錯。

一群大人被孩子牽著鼻子走，毫無招架之力，莫可奈何，只好打電話向太太求救。

「為什麼你們不花個兩、三千元，讓阿嬤立刻搭高鐵回去，也給孩子感受一下？如果他這樣做，你們也原諒，那還談什麼教育？有錯就要立刻道歉。」

在上一本書裡我就說過，即使一個觀念要一萬多元，能改變孩子也是值得的，何況只是幾千元的高鐵車票？

對於孩子的過錯，只要願意承認並悔改，大人要無條件原諒孩子，千萬不要以其他理由威脅他去道歉。

若要處罰，既然說出口就一定要照做，不然日後將無法帶好孩子，因為他知道你的底線在哪裡？

「對喔！我怎麼沒想到？可是真的回去，我又要上班，孩子怎麼辦？」

「你要想辦法，糾正孩子的態度，比成績進步更重要。」

沒錯，連大人都投鼠忌器，難道孩子看不清嗎？不知道你們罩門在這裡嗎？如不改善，孩子予取予求的日子將指日可待。

如何建立大人及小孩相處間的觀念及基本態度，很重要，要靠大人的智慧不斷的學習，以及一路的修正。

太太收到簡訊後很高興打電話去恭喜，這位護士媽媽還說：

「上完課回來後，連續兩次月考都滿分。」

「真的是滿分的第一名，當初你還質疑我呢？」太太一邊稱讚一邊挖苦她。

「今天起不會了，以前會懷疑，這樣做可以嗎？人家孩子都補習，我不補可以嗎？現在證明可以，我不會再質疑你了。」

她也分享最近變得超有自信的些許事，不再怕被取笑瘋狂。前幾天跑去問老師下學期的版本，老師卻告訴她：

「不要給孩子壓力那麼大啦！」

「可是你們什麼都要考，不提前學習怎麼來得及？」

老師啞口無言。太太稱讚她來我們家後，現在功力很強了，很會回答話，很有自信。

「對啊！以前不敢反駁老師的話，老師說了算，現還能質疑回去。」

老師大概不知道，這位媽媽是被我這個老師的老師指導過，來我家「深造」過，功力當然不可同日而語，氣勢上絕對不同！

不要一直找藉口，沒時間、沒空、不會教……不然以後也不能要求，孩子一定要很好，他們「也許」好、「可能」好，不一定好。沒有付出，哪來收穫？

孩子補上缺的那一塊會更完美、更優秀，是因為大人肯為孩子改變及學習、成長，正如傳簡訊感謝我們的這位護士媽媽，整個家庭成員都非常棒。

天下安，重選相；天下危？重選將。這位媽媽做對了一件事，知道要選擇我這員大將。

大隻雞慢啼

有些孩子，
需要多一道手續、多一次解釋、開發，
如果大人提早繳械舉白旗投降怕辛苦，
這隻雞就永遠不啼了。

女兒高二了，這次月考全班四十多位第六名，她很不爽，每天留校夜自習到九點多，雖然數學九十多，但背科無論怎麼背就只能七十多，而別人都九十多。

更令她忿忿不平、無法釋懷的是，她讀得要死要命第六名，有一個同學上課幾乎都在睡覺，卻考第八名，只差她兩名。

「怎麼會這樣？」女兒自己想不透。

「那你學她上課也開始睡啊！」

「那樣我會更慘。」

歷史、國文、公民這些要背的科目連班上均標都沒有，還好數學贏均標二十分。同學要女兒多看小說及相關故事會較有幫助，卻被我吐槽：

「沒有用啦！我也曾買整套歷史書給你看，結果你看一看也是忘了。」

「你怎麼那麼了解我？」女兒微笑回答。

「哎！認識你十多年了，怎麼不了解？」

這種「頭腦特製」的人，你要有耐心陪她磨，一刀一刀的砍，一次一次的抽問，就像磚塊一塊一塊的疊上去，別無他法。

當東西有辦法真正進入她的腦袋後，她就會記得比你久，比你深，說出來的條理邏輯比你清楚，解釋得比你詳細。

所謂的「大隻雞慢啼」就屬此類，需要多一道手續、多一次解釋、開發，如果大人提早繳械，舉白旗投降，這隻雞就永遠不啼了。

有一次女兒氣呼呼的對我們說：

「真是教育失敗，想不到也有這種人？」

她在網路登記的社團，從第一志願到第六志願，全被篡改成冷門社團，害她錄取到第四志願，很不爽，媽說話了：

「誰叫妳那麼『憨直』，忘了改密碼？」

「什麼叫憨直？」女兒憨直到聽不懂。

「憨直，說好聽一點就是沒什麼心機，一根腸子通到底不會變通；說難聽點就是笨啦！」

女兒尷尬的微笑，嘴唇翹到可吊上半斤豬肉，瞪了媽媽一眼：

「沒心機有什麼不好？」

其實，在小學時我真的無法接受這麼鈍的孩子，人家教一次就會的東西，她要教三次，甚至還不一定記住，氣得半死，新手爸媽也不懂，所以她曾經被我罵得很慘，這麼不認真。

許多人不相信，但日常一些經典事蹟都可以出一本專輯了，不勝枚舉。

在小學時我拿歷史課本抽問她：

「西班牙被誰打敗？」

「荷蘭人。」

「那荷蘭人被誰打敗？」

「西班牙人。」

我馬上從椅子跌下來。那到底誰打敗誰？我以為很簡單，會回我鄭成功呢！

她在高中的自我介紹中，提到自己比別人鈍了一點：

爸爸以前笑我少了一根筋，自己閱讀不多，又有閱讀障礙，常常看了下一行忘了上一段，一般人只要『看』書就能了解整本書的大意，而我即使『背』書還未必可以融會貫通，但也只能默默接受，因為這是個事實。

但她很有自信，她又寫說：

我敢說，我比其他人都還要認真。雖然沒有資優生的頭腦，卻有他們沒有的態度。國中生活就能證明。希望我的努力可以彌補我的遲鈍，也可以換取優秀的成績！加油！

國中時，思想不純正的弟弟，幫她取了個好笑但不好聽的綽號：『廚餘』。她非常排斥，因為很難聽！但偏偏發音與她的名字，還真有九成的相似度，連我本人也會被搞混。

有一次學校午餐時間，衛生股長要求倒廚餘的值日生，動作快一些，喊著：

「廚餘，快一點啊！」

她還真以為同學在叫她，居然回頭答道：

「什麼事？」

事後她告訴這段趣事，說她當時真想找個地洞迅速鑽進去，居然連自己都承認自己是「廚餘」？

寫到這裡，剛好垃圾車來了，太太交代我等一下記得倒「廚餘」。

女兒用人一己十、勤能補拙的學習精神，免試上了中山女高，擔任大衛糾隊長，還榮獲免費八天七夜的日本行，天資與家境都困不住一個願意「拚」的孩子。

「啊！又要去倒『妳』了？」我對女兒說。

「倒你啦！等下垃圾車來，你就直接跳進去啦！」

一次寒假，女兒自己翻出媽媽剪下模擬考卷錯誤的試題大笑：

「數學最簡單比大小的，我知道a大於b，卻選b大於a。」

「你不知道喔！去年看你考卷都是錯比大小的白痴題，從小學錯到高中，白白送人分數。」

「你沒生給我比大小的基因啊？」

媽媽只能微笑，無話可說。

洗衣機剛好洗完要晾衣服，一件褲腳扭在一起，要女兒弄，她說沒力氣。「你媽沒生給你有力氣的基因嗎？」我開女兒玩笑。

「不要剽竊我的話，這有著作權的。」

瓜無滾圓，人無十全，「歹歹馬也有一步踢」。往正面想，以欣賞的眼光相待，就是因為憨直，所以她願比別人認真、努力，願笨鳥先飛。為人古道熱腸、笑靨迎人、不亢不卑、逆來順受，甚至到了唾面自乾的程度。

看她每天快樂學習的樣子，真的應驗了一枝草一點露，每人各有一片天。我曾試問聽眾下一句怎麼對？有一位也很「憨直」的媽媽馬上舉手：

「我知道，我知道！兩枝草兩點露。」全場昏倒。

父親說是「壁邊薔吃斜雨」（台語）。我店門口就曾有一棵，在水泥地間小裂縫，屋柱邊約三十多公分，發揮它很強的生命力。

我和太太教這個女兒累過、辛苦過，但以包容、欣賞的角度鼓勵她、感動她，「氣得半死」已成過去式，在她身上我要證明一件事：一步一腳印總有一天必能破繭而出、異軍突起。

兒子心中的爸爸和媽媽

教養沒有捷徑，
一切都必須真心投入，
不管是時間或是感情，
如此才能體會，
什麼叫作血濃於水。

從小用心陪孩子就是有這個好處，能完整保留孩子成長的點點滴滴，包括孩子的作品、影片、講過的話、做過的事，現在再拿出來欣賞，感受完全不同，真的是無價之寶。

這是非金錢所能比擬的快樂和滿足，雖然當時心力交瘁甚至勃然作色，而今的感覺是妙趣橫生、窩心之至，心中暖暖的大呼陪得值得。

像是兒子小學二年級在暑期輔導的作文上寫過：

我覺得爸爸脾氣非常的暴躁，而且罵人都非常大聲，聽了心裡就非常不舒服，那一天飯也會吃不下，晚上很難睡，而且會作惡夢，非常可怕。

所以我非常不喜歡被罵，但是我不能說不能罵就不被罵，因為每個人都有被罵過的時候。

但是有時誤會都不敢講，我就只好自認倒楣。還有有時要問他題目，他就會給我比「帥」（大拇指和食指撐開緊貼下巴的姿勢），有時我講話時，他就給我亂編一通。我都已經快受不了他了。

不只這些，他除了會對我比「帥」之外，他還會說他比我帥多了，還有看到家裡的婚紗照的相框就會說：

「哇！這個人是誰啊？怎麼這麼帥？」

我聽到都已經快昏倒，而且他講了好幾次才爽。

而媽媽比較少罵人，然後都是用唸的，很少用罵，而且媽媽也不會說什麼自誇的話。只是少問一些關於喜歡誰的事情，因為我不喜歡和別人一起談說我喜歡誰、你喜歡誰的事情。

我希望以後爸爸不要那麼兇。The end。

原來在當時小學二年級的孩子心目中，我這個父親給他的印象這麼差！形容爸爸一定是兇猛的獅子，媽媽就是溫柔的小花。

沒錯，我原本就是獅子座的，只是生日被長輩晚報戶口近一個月，不知情的看來好像是處女座。

小二暑輔作文的真心話，童言童語也讓我警惕自己要改改脾氣了，感謝孩子的一路提醒，讓我有成長的機會。

另外一張由學校寄出的母親節卡片，畫了一棵樹及一位有翅膀的天使。抬頭寫著：

您的乖兒子——祝您永遠青春美麗：

媽媽像一棵大樹，不管白天、黑夜都讓我躲在樹洞中，而我就是不知名的小蟲，長大後的成就，就看大樹給的養分是否有營養，相信媽媽是個優良的樹。

這是我的媽媽，有時像溫柔的天使，有時像兇猛的母老虎。但是我知道，不管媽媽做什麼都是為了我才做了這些舉動，媽媽不只為我而做事，媽媽也為全家付出，就像我們家的有力支柱，也像一棵大樹幫我們遮風雨，讓我們一家人可以不受任何影響快樂的生活。

她不但天天辛苦的幫我煮三餐，讓我更健康，而且她身上有許多病痛也不顧，依然幫我們全家服務，所以我下定決心以後一定要醫好媽媽的所有病痛，讓她活得更快樂、完美。祝母親節快樂。寶貝兒子敬上。

感謝媽媽的文詞表達真情流露，不捨的心情清晰可見，只不過文字還是很差，文章沒進步，都小五了，居然還對媽媽說：「媽，我真羨慕你，能生出這麼孝順又懂事的兒子，不知道以後我有沒有？」噁不噁心啊？

從小兒子就已經這麼厚臉皮加上幽默的不要臉。剛上了高一就很感性表達自己的感謝，證明孩子真的長大了。

感謝多年來的照顧，即使自己十分的任性，您仍不斷地包容我，在科奧（國際科學奧林匹亞比賽）尚未結束之前，自己就如同一顆不安定的炸彈。

我雖然不要求十全十美，但要求盡善盡美。身處在這自由的家庭，真的是自己求之不得的福報。感恩！

前兩、三年兒子看完我的書後告訴我：

「如果不是我的糗事這麼多，你怎麼可能有題材寫書？但你不要再寫我的壞事了啦！不然長大以後我當作者你就知道了。」

喲？威脅我？雖然兒子對我意見很多，但小學時敢怒不敢言，只能在文章中抒發情緒或偷偷的告訴媽媽，並要求媽媽封口，不能對爸爸說。

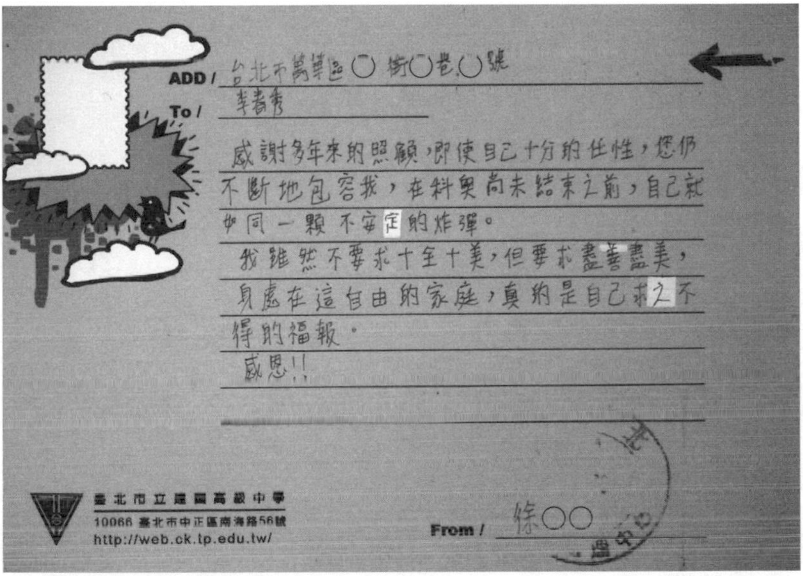
ADD / 台北市萬華區○街○巷○號
To / 李書秀
感謝多年來的照顧，即使自己十分的任性，您仍不斷地包容我，在科奧尚未結束之前，自己就如同一顆不安定的炸彈。
我雖然不要求十全十美，但要求盡善盡美，身處在這自由的家庭，真的是自己求之不得的福報。
感恩!!
臺北市立建國高級中學
10066 臺北市中正區南海路56號
http://web.ck.tp.edu.tw/
From / 徐○○

兒子在科奧競賽前，因為適應困難，成了家中的不定時炸彈。幸好他懂得思考反省，也寄了這張感恩卡給媽媽。

我常告訴他：「你已經夠幸福了，還抱怨？」沒聽過最近很紅的「狼爸」和「虎媽」嗎？我既沒虎媽的嚴格，更少了狼爸的狠勁。這位大陸父親自創育兒口號「三天一頓打，孩子進北大」，四個孩子中有三個被北大錄取。

在小學時，他有一天放學回來，嘟著嘴抱怨：

「爸！都是你害的，害人家現在都不能做壞事了。出什麼書？亂亂寫、亂亂寫，破壞我的形象。」

原來有老師拿我的書壓他：「你爸出書，你還這麼調皮？」

拜託，我也一樣，我更不敢再做壞事啊！

其實孩子不喜歡曝光，壓力太大，會要求我低調少說話，少到學校，但孩子的童言童語，我都會偷偷記錄下來，才能呈現最真實的一面。

這幾年都以機車代步，也不知哪根筋不對，孝順的兒子突然迸出一句：

「爸，以後我再買車給你開啦！」

心想可能他今天吃錯藥了，不然怎麼可能說出這噁心的話討我歡心？高興不到兩秒，他接著說：

「順便做我的司機。」

原來重點在做他司機，買車送我是圈套。但我高興的是孩子長大了、成熟了，對父母的印象由小時候的抱怨，轉變到現在的感恩，帶得真有價值。

難怪人說地要親耕，子要親生；無官一身輕，有子萬事足。教養沒有捷徑，一切都必須真心投入，不管是時間或是感情，如此才能體會，什麼叫作血濃於水。

現在換我抱怨起兩個小蘿蔔頭了，真沒良心，卡片從來都只寄給媽媽。

「那要怪學校啦！因父親節都在暑假，放假在家學校沒叫我們寄。」

什麼？孝心要分季節、分有沒有放假、還分學校有沒有叫你寫？真沒誠意！

Part 5

陪孩子，用心也要用對方法

最後的掌聲，誰拍？

如果連大人規矩都亂了，
孩子怎可能教得好？
因此我寧可忍受孩子的不諒解。
也要孩子跟我一起留下來，
為別的孩子拍手。

幾年來我們在課業上都有提前的習慣，因而得到許多獎狀的鼓舞。

二〇〇九年八月的一個下午，功文文教機構突然要舉辦第一屆金功獎的頒獎典禮，鼓勵一些努力、辛苦超前的學子。當然，兒子也在名單之一，我們接受了邀請。

暑假期間，他每天下午五點有打籃球的習慣，所以我就口頭答應他，一結束馬上趕回家打球，那時天色應還不至於太暗。

哪知人算不如天算，頒獎時間拖很長，兒子四點多領到獎盃，很興奮的跑過來，催我趕快回家。

他以為可以走了，因為別人只要一領到獎盃，稍坐片刻，大部分都走人。

「不行，後面還有人啦！不能這樣。」

「那到底何時能走？」他有點悶，因為太晚回去，天黑無法打。

「快了，快了，大概五點。」

聽到我的回答，他很不爽，因為明明答應他五點前要走的。但是典禮還沒結束我就閃人，這不是我的個性，更是錯誤示範。

我陷入了兩難，對兒子的承諾及做人基本道理選，該選哪一項才正確？多希望典禮快結束，讓我好做人，不至於對不起孩子。

但劇情往往都事與願違，典禮很冗長，就是不結束。

「爸！快一點啦！來不及了，別人都走光了。」

我不為所動，坐在原地為其他受獎的小朋友拍手，而且非常非常的用力，因為人走光了三分之二，可想而知掌聲有多稀稀落落了，我有那個責任把掌聲補還給後面受獎的同學。

最後的場面很感人，因為一個人當三個人用，我要出三倍力量鼓掌，最後全場氣氛被我帶動，掌聲響徹雲霄。

兒子見我不理他，換他也不理我了，對我很不諒解。

他覺得「你們大人都很沒信用，只顧自己」，但他不知我心裡想的是什麼？有多掙扎？

終於，五點半典禮一結束，我任務完成了。拍手拍完最後一組，大家起身回家，這時嘟著嘴、臭著臉的兒子，自顧自的走在前面，離我五、六步之遙，一路上就是不理我。

其實他不知道，當時我尿急忍到回家，憋尿不敢上，只為了提早個三分鐘離開。

那時心情很複雜，也難過、也生氣、也內疚。

我難過的是那麼多父母在做負面教育，生氣的是孩子對我的誤解及態度，內疚的是我對孩子的失信，他不知我是兩害相權取其輕啊！

令我更心酸的是孩子不懂，那麼多大人也跟著不懂，孩子想走，正合父母的意，於是大家一起走，有的甚至是大人主動提出拿到獎盃就走人。

人家拍完你的孩子，你卻不願留下來拍別人的孩子，剩下的那些孩子情何以堪？

稀稀落落的掌聲，竟是因為大人的自私，孩子也跟著學，造成現在都常規化成為正式流程，反而是像我這樣留下的這些家長，變成是不正常的。

今天能夠上台領獎者，必定是在課業上的佼佼者，但如果不懂得尊重別人，我想這個獎是白領了、白來了，反而學到自己家長的負面身教，令人心酸的是：現代教育只限於在課本上嗎？

那天回到家快六點，無法打球的兒子氣我氣了三天，跟我冷戰不說話，而我也忍住持續在等待機會……

我得內傷第四天，兒子終於氣消對我開金口，如鯁在喉的我不吐不快，告訴他當時我的想法及決定。

兒子啊！雖然你當時不諒解我、誤會我失信，但如果重來一次，我還是會這麼做，不會後悔。

做人的基本道理不能忘啊！他們不懂，你不能不懂，我們要留著為他們加油。籃球錯過了今天，明天還可以打；但有些孩子，也許是生平第一次有機會，接受我們的加油，也許這輩子就這麼一次，明天以後不見得有啊！

你自己從小到現在，接受多少次別人的喝采，成就了你的自信，滿足了你的成就感。而今你卻吝於給別人一點掌聲？這樣對嗎？身為父親的我能隨著你起舞嗎？不可能。

不能只考慮到自己。也許你不在乎這多一次不多，少一次不少的鼓勵，但最後上台領獎的同學怎麼辦？心裡感受如何？換成是你呢？

看戲要知戲文內意，做人要懂人情義理，不是一句「只要我喜歡，有什麼不可以」就帶過。

他聽了後也說：「原本只要一想到你的失信，就會一肚子火，尤其是看見大家都走了，所以沒想那麼多，我現在自己知道錯了。」

他向我道歉，我也很欣慰兒子比那些大人懂事，因為許多大人，根本也不懂得什麼叫尊重。

當然，我自己也有錯，沒有當面解釋清楚。但因顧忌大家氣頭上，孩子也可能聽不進去，解釋了會更糟，等大家心平氣和後溝通反而結局較圓滿。

孩子氣我？最多一陣子；但正確的人生道理，可是一輩子的。人不照天理，天不照甲子。黃河九曲，終必東流。事情一定是要照著規矩做，才會圓滿回到最基準點，不然全亂了。

如果連大人規矩都亂了，孩子怎可能教得好？那個獎盃真的白領了。

每次大型說明會，大部分都是「頭燒燒，尾冷冷」。兩年前一次擴大高中職及五專免試入學家長說明會，早上九點半到，根本擠不進去。

但過了半小時我有一席之地了，再過半小時我有座位了。再半小時呢？我一人可坐一整排。

他們只聽自己想要的，聽到了就離開；但我堅持到最後，所以對規則非常清楚。

第二年去領獎，兒子帶書去看，不敢再急著回來打球，因為他已學到了「尊重」二字。

值得一提的是，去年和兒子僵了三天的故事，我說給一些老師聽，老師們都很感動，也稱許我這位老爸堅持的教育及以身作則，並相約告訴認識同行的家長，不要提早離席，要作為孩子好榜樣，所以狀況好太多了。

最後的掌聲誰拍？以前我拍，現在孩子會留下來，和我一起拍！

聽你的話或服你的話？

聽你的話？
沒用，只有小時會聽。
要服你的話，
才能走一輩子。

有一次我聽到一位媽媽對著孩子說：

「早餐一定要吃一顆蛋，不然沒營養。」於是夾著蛋放入孩子碗裡。

「自己都不吃卻逼我吃！」孩子嘟著嘴不服、反彈。

「回答得真好！」我敲邊鼓幫這孩子，這一位媽媽尷尬的傻笑。

三腳貓笑一目狗？五十步笑百步，一樣的，誰又有資格說誰呢？官大學問大？還是父母一定對？

曾有一媽媽為了教育小一的兒子，採取一次到位的高壓手段，迫使孩子不敢再犯錯。那天爸爸上小夜班，十點多回到家一進門就說：「好累」，不知情的兒子，無心順口說了一句：

「活該！誰叫你那麼晚回來。」

媽媽火冒三丈、不容分說的就賞兒子兩個巴掌：

「爸爸那麼辛苦賺錢，你還這樣說他？」

當然他不敢再說話了，立竿見影。但小一的孩子哪懂？有這麼嚴重嗎？孩子是錯，但罪不及兩個巴掌吧？打人的媽媽又對了嗎？錯更大！

小時你可以對孩子如此，孩子也會表面滿口應承，但也會積怨在心中，到國中了不知道誰打誰了？你的暴力動作，無形中被孩子學到了。

學齡後，有記憶、有自尊了，以暴力解決就是錯誤示範。等他有能力了，怎麼可能吃這一套？他會走自己的路。那也就是大人開始覺得怎麼孩子不聽話的時候。

許多人好奇，為什麼我們管得動孩子，我們家的兩個孩子特別聽話？尤其都到了高中。因為孩子信任我和太太，我們從小就不欺騙、就講道理、就注意到公平。

自己做不到的，就沒有資格要求孩子。不打馬虎眼，不隨便應答，不應付了事，不食言硬拗，每一件事都做到他沒話講，做到他也會跟著做。

你要先贏得孩子的信任和尊重，他們才會走在你希望他們走的路上。

在國中時期每天接孩子放學，我一定帶著書在操場的樹下，等兒子籃球打到甘願才回家。

和兒子在家桌球打到一半時，垃圾車來了，太太要我先去倒垃圾回來再繼續打，我堅持打完這局才去倒，寧願自己提著兩包廚餘去追車子，也不要影響孩子的興致，這些孩子都看在眼底，哪一個不感動？你說，我的話他們聽不聽？服不服？

能讓自己孩子聽話，不是靠父母的淫威，而是以道理、以自己的行為讓孩子耳濡目染，父母的話隨時間飛逝而得到印證，自然而然父母的話，就是金玉良言，奉為圭臬。這是女兒在國二班刊中的文章〈以父親為師〉：

家是每個人的避風港，是我們居住的場所，其中還住著一位值得我效法的人——我的爸爸。

許多人說：「態度決定一切。」有好的態度，就等於成功了一半。我的父親就有這個特質：良好的態度。大人們常常希望小孩擁有好的學習態度，自己卻又做不了孩子的學習模範。

但是，爸爸不像一般的父母一味要求孩子做東做西，自己卻在一旁看電視。他會以身作則，先做模範才來要求我們，使我覺得：既然爸爸都做了，我也應該加以嘗試！

記得三歲左右時，就已經開始學ㄅㄆㄇ和ＡＢＣ，那是因為有爸爸「堅決」的態度，我才能提前學習，否則哪有父母忍心讓一個幼兒去學那麼多東西呢？

到了一年級時，因為學校要教英文，爸爸更是努力的讀英文雜誌，為的就是想把我和弟弟的英文教好。從那開始，和弟弟每天背十個英文單字，卻不吭聲反抗，只因爸爸背得比我們多。

如果沒有爸爸的教導，我小學的成績也不會那麼好。雖然小學的重點，都是爸爸幫我畫的，但是現在不一樣囉！我已經會自己讀書、自己畫重點、自己準備考試……不必爸爸幫忙，因為爸爸已經幫我把「讀書」變成習慣，而習慣成自然，可見爸爸真的花了很多心血在我和弟弟身上！

以父親為師是我最好的選擇，從他身上可以使我學到不少東西。希望將來的我也有能力，使別人從我身上學習，並以「我」為師。

想不到我單字背得比孩子多，讓他們不敢吭聲、反抗，也跟著背？這一招這麼好用？其實既簡單也困難。問題都出在父母不肯先帶頭做，而是先要求孩子，當然效果不好。

上一篇〈最後的掌聲誰拍？〉中提到，孩子起先生氣、誤會不諒解，但經由我的身教及解釋，換來孩子內省後的成長，往後孩子不只聽我的話，而且服我的話。

說穿了就是身教，而不是只有言教。聽你的話？沒用，只有小時會聽。要服你的話，才能走一輩子。

有陪沒用，陪好陪對才有用

即使有陪孩子，
要是沒陪好、沒陪對，
或某個環節出問題，
方法錯誤或不夠堅持，
少一個步驟，
都是白陪了。

關於陪伴這個問題，數不清有多少的媽媽，向我或太太說過這句話：

「我也有在陪啊！」

廣告說「斯斯」感冒藥有兩種，我看陪的方式不下百種，問題是你陪對方法了嗎？不是孩子坐在書桌讀書，你坐在旁邊教就算數了。

如果效果不如預期，一定是某個環節出問題，不是陪沒有用，而是找出原因修正即可。

幾年前女兒國中同班同學的一位家長告訴我，在孩子小學時就買到我的書了。

他一位朋友的孩子非常聰明，但PR值總是六十多徘徊（PR值六十，即一百人贏六十人），於是向他請教。

「這本書好好的看，就知道怎麼做了。」

過了一陣子，孩子的分數還是沒起色。

「我送你的書看完了嗎？」

「書？喔！太忙了，也不知跑到哪裡去了。」

熱心的這位同學家長，特地又買一本我的書送過去。

「拜託！這次一定要和你太太好好的仔細的看完，千萬拜託！」

過了幾個月後，朋友跑過來告訴他，孩子PR值已從六十多進步到九十多，考上不錯的學校，還怪他：

「你怎麼不早一點拜託我看？」

這位父親的及時修正，救了孩子。還有許多父母霧裡看花，有看沒有懂。

「我都有在陪，好累！女兒還是不會。」

一位媽媽在問太太，等問完後才知根本白陪了。沒有計劃、沒有方法、沒有效率，難怪沒有結果，事倍功半。

數學沒背單位，一公尺等於一百公分，一公升等於一千CC，這些基本概念都沒，就硬要孩子拿題目來算？當然，第二天孩子又忘了單位，大人怒目瞪眉氣炸，哀怨孩子難帶。

拜託！打空拳當然費力，說空話一定勞神。是你自己沒讓孩子背熟單位，並驗收這個動作，也沒提前，難怪手忙腳亂，不修正的話陪一輩子也沒用，關鍵一定出在大人身上。

但父母都怪孩子難教，從不怪自己不會陪，當你孩子真冤枉。有時父母只考慮到自己立場及想法，就要求照著做，又要補習又要叫他看光碟，當然無法吸收及充足的睡眠。更有一位媽媽，買到我的書後馬上叫女兒：

「快！快！趕快來預習。」

他看女兒動作這麼慢，火很大，都想打下去了。這種陪法連我都不爽，寧願你不要陪，陪比不陪更慘，弄得草木皆兵，興趣都不見了。

這叫逼、叫壓，根本不叫陪，當然永遠是窮忙、白忙。

孩子也許一時會勉強配合，但家長沒想辦法讓孩子出於自願，久了就意興闌珊了。而大人則是怒容滿面，心有餘而力不足，挫折感甚重，自然而然就放棄了。因為再急也沒用，效果就是不好。

聽完我的解釋後，這位媽媽才醒了過來，原來她以前的方式不叫陪，陪的關係是對等的，如果用對立的階級規定孩子，當然孩子心不甘、情不願的應付你。

我的另一位讀者媽媽，孩子怎麼讀都上不來，ＰＲ值五十多（一百個贏五十多個），班排十多。

「班上程度不高，為了兒子還退休陪他。好奇怪，整天乖乖在書桌上讀書，也不笨啊！看醫生也說沒問題，智力ＯＫ。有的背得很快，有興趣的做得很好。也有補習，全科班，到底問題出在哪裡？」

媽媽很擔心，剩兩個月要考高中了，不知怎麼幫他？數學還請家教特別教呢！就怕他考不上公立高中。

這是在一個沒競爭性的團體下，安逸太久的結果，基礎不穩當然怎麼也爬不上來，因為東西愈來愈多，消化不完，沒做中程學習（見我第四本書《我這樣陪孩子走升學路》中的〈長中短程不補習法〉），整個步驟都亂了，唯有在高中前的暑假重新開始。

「了解原因後，感到踏實多了，我們會從高中認真開始。」

還有一位媽媽最狠，小一的兒子數學考二十六分，簡直氣炸了她。棍子打一打，居然就考八十多分，自己覺得有效！

她還打算花一千五，買廣告宣傳的「聰明藥」，聽完我演講後，改買我的全套書籍，也不敢再打兒子了。

眼光太短、炒短線、沒耐心、想立竿見影的陪法，總有一天會破功的，不實在，沒基本。

前幾天太太在洗澡，浴室裡霧氣瀰漫，我好奇她為何不排霧氣，這麼省？熱氣有毒的啊！

「你怎麼不插電？」

「有啊，我有插啊！」

不可能，有插怎可能整間霧氣？

我檢查插頭確實有插。

「是喔！你是插了，但一定沒插好。」

果然我輕輕再推插頭一下，機器就開始運轉了。

陪孩子的道理也是相通的，你有陪沒錯，但沒陪好、沒陪對，某個環節出問題而不自知，方法錯誤或不夠堅持、少一個步驟，結果都完全不同，也就是白陪了。

最近無意間看到一部老舊影片，一九六〇年代一對年輕夫婦，已生了五個孩子，到衛生所觀摩避孕宣導。指導人員只是象徵性的把保險套放入大拇指說：

「這樣就可以避孕了。」

年輕爸爸回去照著做，太太還是懷了第六胎，罵衛生所亂教。一問之下才知道，回到家他真的套在自己的大姆指，用這種避孕方式，可能還會生到一打以上。

我也有在陪啊！不能只學一半，那叫事倍功半。如何力挽狂瀾、如何脫穎而出，就看每位家長的用心程度了。

乞丐下大願

不管孩子做什麼，
只要盡心、盡力、認真、負責，
就算失敗我也接受，
另起爐灶也ＯＫ，
就是不可以給我「混」。

這些年來陸陸續續有人問我，希望孩子以後做什麼？法官？律師？醫生？老師……我的回答很簡單：

「順其自然。」

我從不預設立場，順著孩子興趣就好，尊重其選擇。但有個前提：

「不管你做什麼，只要盡心、盡力、認真、負責，就算失敗我也接受，另起爐灶也ＯＫ，就是不可以給我『混』！」

我和太太從不指望養兒防老，所以對孩子的態度，更不會投鼠忌器，怕他們以後不養我們。

兒子也多次預告：「不要指望我賺很多錢，當科學家作研究很窮的！」

但我心裡其實有份藍圖，大概十年前，我曾對太太說出心裡的祕密：

「教授及金牌。」

我至今不曾對孩子提及，將來也不會說，除非他們看我的書或有人告訴他們。

「你又沒栽培人家，金牌何來？」太太質疑我。

我無言以對，因為我真的沒有那麼多錢栽培孩子，所以多年來也漸漸淡忘這十年前的祕密。心想也不可能，哼、哼、金牌？自己去買一塊狗牌還比較快，遙不可及的夢想，算了，當笑話一則。

去年，女兒無意間向我提及錢的事情：

「爸，爸，存錢喔！存錢喔！」

「存錢做什麼？」

「我要去美國讀書。」我差點心跳停止。

過了兩個月，兒子也跟進提出目標美國「麻省」。

「麻省？麻花比較快啦！麻省，不然草繩也比較便宜。」

聽到這裡我都嚇昏了，兩人一起出去，我一天賺一萬可能還不夠，也許要賣老婆了，喔！不是，要賣房子啦！

「好！只要你兒子考上科學班，我就去染髮。」太太突然爆出這一句。

自己給自己一個理由、一個決心，不然連一點動力都沒有，我和太太都犯這個毛病，可做可不做。

有一次太太看到一件粉紅上衣，說很好看很適合我。因為不便宜我下不了手，過了幾個月後下定決心去買，哇？賣完了，很失望。

過了一陣子，無意間又看到店裡，有一件粉衣穿在夾克裡面，當下我心裡大力的想：

「好！只要孩子上了國家代表隊，我就告訴老婆來買，兩人穿夫妻裝。」

吃飯時無意間被一則電視廣告吸引住。一輛最新型跑車時速四百多公里，九百多匹馬力和飛機有得比，六千多萬，外型超流線，好漂亮我好喜歡，忍不住大叫一聲：

「好！」

太太嚇一跳，也很緊張。

「幹嘛！你兒子得金牌時也要買一輛嗎？你連輪子都買不起！」

「不是啦！我要說的是，好！要去上一下廁所。」

聽到六千多萬，心跳得很快，少一個零也買不起，少兩個零還能接受。順便告訴太太如果真的金牌，我要下決心買一部便宜的代步，孩子大了，在安全上有其需要，總不能都是「肉包鐵」的機車。

有一天，太太自言自語，嫌電話鍵壞了不好按。

「好，只要你兒子金牌回來，我換一支新的電話。」

太太坐在那裡笑，連換支新電話都要拿金牌？

「衣服沒地方吊，買這麼多衛生紙做什麼？」

衛生紙大串小包的占了吊衣位置，太太又在發牢騷了。

「好，只要你兒子得金牌回來，這塊地方我馬上整理好給你。」

「一隻牛你要剝幾層皮啊？給你養到的這隻牛很可憐ㄋㄟ，剝到沒皮，我看連骨頭都沒了。」

我們夫妻對視而笑，像小學生的童言童語。

因為兒子一直覺得自己實力很弱，金牌對我們而言是夢想、是鐵樹開花，連想也不敢妄想，如果銀牌就打算殺豬宰羊放鞭炮，就是因為知道不可能，所以支票滿天飛的亂開，純粹增加家中生活情趣，好玩嘛！

也許有人會認為開開玩笑就過去了，但說過的話是潑出去的水，信用很重要，不然我如何帶孩子？他們又憑什麼服我？

老婆一直相信兒子的實力，出國前不斷的向兒子信心喊話：

「相信自己的學習方式，你的根基紮得很穩，這是考國中的延伸，沒你想像的那麼慘啦！」

「那是前幾屆，考得很簡單，後面幾屆像把這些人當天才越考越難，題目都是高二、三的課程，而且他們有的都讀到大學的課程了。」

「你最大的敵人是自己，放鬆心情去考試，說不定金牌都有可能。」

我聽到這裡實在聽不下去了。

「哈哈！金牌？你得金牌，我客廳爬一千圈。」

「好，你說的喔！不要後悔，你就不要吃癟。」

連銅牌都怕沒有的人，想金牌？真的是《祕密》看太多。我也不是隨便說說，上次輸一百圈，也乖乖分期爬完了，沒有人敢相信我開的是空頭支票。

看不起兒子？也不是啦！是覺得天方夜譚，不可能。

揚眉吐氣回到家的兒子，笑笑的對我說的第一句話簡單扼要：

「一千圈！」

換太太看笑話，叫了幾聲：

「去爬啦！」

「你管我，我為什麼要爬給你看？這麼丟臉的事。」

「活該啦！沒有那個『卜撐』（屁股）吃那個瀉藥？上次還偷偷的爬，不敢爬給人看？」

我怎麼會料得到兒子真的拿金牌回來?連女兒也來湊一腳:

「爸,你每天爬一圈,要爬三年!」

「他高中都畢業了,你還沒爬完。」這兩母女聯合取笑我。

「上次那一百圈爬完了嗎?」

「爬完了,他利用你上課、我上班時偷偷爬的。」

「想不到也有這麼一天?你活該啦!」

唉!家敗奴欺主,敗戰之將也只能任人羞辱了。

還好,本來我差一點要說理光頭或染個大紅髮之類承諾。但我怕演講時一頭怪髮,嚇跑所有聽眾,心想還是保守點,「吞」了下去。

「我要去染頭髮了,從科奧初選過後就要染髮,染到現在金牌真的來了,看來非去不可了。」我叫她染大紅一點,把我的份加上去。

兩姊弟晚餐後閒聊,姊姊警告弟弟:

「弟弟!你金牌的二十萬獎金要小心顧好喔!不然爸會給你拿去買車。」

「買你的頭啦!只買四個輪子啊?」我對女兒嗆聲。

睡覺時我們四人平躺在床,我又對兒子談到車子的顏色、性能,想不到女兒還沒睡:

「你看你看，他又在動你二十萬的歪腦筋了。」

四個人大笑一分鐘，你看你看，我養到這種女兒！

「讓我生氣起來，我就去考金牌。」女兒當初看到報紙，金牌每人二十萬，

「好好喔！我也要去考。」

「你？下輩子應該還有可能。」我挖苦她。

「怎樣？看不起人啊？就別刺激到我。」

在我國小時，就常哼一段耳熟能詳的順口溜（台語）：

「憨才憨才，出國比賽，得冠軍，拿金牌，光榮倒返來！」

當時也不知何意，想不到居然會發生在兒子身上，讓我深深體會到只要努力，真的沒什麼事情是不可能的。機會也真的留給「隨時」準備好的人。

誰說我沒栽培？我用我獨到的精神及毅力，建立孩子人生一輩子受用無窮的基本態度。

過程本身就是收穫

金牌，高興一天就好了，
路還很長要走。
成績、分數會過去，
能力、習慣卻是一輩子。

「因為挫折，所以成長；因為惜福，所以感恩。」

曾受邀上人間衛視的人間心燈節目，對字幕上的這十六個字感受特別深，因為它們正是兒子這半年的真實寫照。

真的是天意，這面金牌其實是天上掉下來的禮物，原本無意參與，也不在我們的規劃路線之內。一開始建中科學班和科奧初選撞期，兒子會選科學班不會去考科奧，因為希望渺茫。哪知建中更改在早上考，這一改也改變兒子後來的命運，不知在下午即有機會拿到金牌的入場券。

太太說這一段日子真的不是人過的生活，書上描述的煎熬不及真實的百分之一，但我們全家都很感謝老天爺送給孩子走的這一段，感謝師大曾經帶過兒子的所有教授及老師、輔導員及另五位隊友的包容，永銘五內。

「這段期間都停滯了沒有進步，為了比賽無暇前進。」

「都是好事，如果沒經過這段，也許你會跑到補習班，現在你提早走過後，更能確定自己日後的路。」

媽媽也不斷告訴兒子，不管痛苦、快樂都是人生的一部分，中間過程本身就是成長、就是收穫、就是經驗，天下沒有白做的工。事實上這幾個月兒子成熟很多。

兒子在南非交到許多外國朋友，交談必須以英文溝通，因跟著我姓，外國友人也叫他徐，只是音變了。

「你們一直叫我"She"，我都快變女生了。」

臉書上都夾雜著英文、法文，讓他了解英文有多重要，也下定決心努力把英文學好，最近一直到處買原文書，自己要早點適應看原文書，只是貴了點，每一本都是以千起跳，知道要更認真在英文下工大了，在寒假期間自己主動早餐、午餐各看一片高中英文文法光碟，這一趟真值得。

最讓媽媽自豪的是兒子在南非會記得每天報平安，因為只有他會天天報平安。這一點太太很堅持，要讓孩子知道家人會擔心。

「不錯喔！你還會記得。」

「不然的話你會一直唸！」

有些家長心臟夠強，多天沒報平安也ＯＫ，也有孩子抱怨：

「我這麼大了還要報平安？又不是小孩子。」

所以報不報平安的習慣養成關鍵點，來自大人的堅持，而非小孩。

頒完獎的第二天，奇怪，超過二十四小時，兒子都沒回報，太太擔心得碎碎唸：

「不可能，他說會報平安，就會報，超過一天了。」

心想一人平安，全隊平安，耐不住性子的媽媽，打電話詢問其他隊友的媽媽，才知道他們也都沒報平安的習慣。

晚上十一點多我們都已上床了，兒子才傳回簡訊：

「沒電」。

不是沒傳只是晚點傳，而且沒電。

原來手機沒電了，也沒帶充電器，媽媽心想沒電後不會再報平安了，想不到他會借隊友手機傳簡訊報平安，怕神經質的媽媽擔心。

這麼脫線的人居然會記得、在意。單單這點，太太看了很窩心，覺得很安慰。貼心的兒子因為是借隊友的電話，還交代媽媽千萬不要打電話過來，不然隊友也須付錢，一分鐘四十元很貴，傳簡訊只要一元。

收到簡訊，太太終於可以安心睡覺。這也驗證了我第三本書《自己的孩子自己教》一書中所說，好習慣比好成績重要，不然書都白讀了。

也有家長抱怨，怎麼人家孩子出國會報平安，自己的卻不會？因為從小該做的事一定堅持，沒有退讓空間。孩子也會試探大人的底線，而你的底線，自然成了孩子習慣的依據。

從小就要求，底線就是這樣，長大孩子會報平安也很正常。很多習慣是要從小教導的，孩子小時太太和我非常注重品行、日常生活禮儀，長大自然成了習慣。

科奧一位隊友的媽媽告訴他兒子：

「裡面最有家教的是徐某某。」

「你怎麼知道？」

「我一進去，第一個叫阿姨的就是他。」

這位非常優秀的媽媽，觀察力很強，她在聊天當中，也對太太說：

「第一次看到你兒子，就知道他家教很好，我也告訴自己兒子要學他那樣。」

「你怎麼看得出來？」

「因為每次看到，他一定第一個叫我。」

太太聽了好欣慰，尤其是由別的家長口中說出來的。

其實更難能可貴的是兒子從不講髒話，自律甚高，連國罵都不知道，而我卻常聽有些成績頂尖者，習慣把這些話當口頭禪，和形象搭不起來，很可惜。

這段期間兒子資源變多了，他利用科奧上課期間，只要遇到教過他課的老師、教授，一定上前要名片。在這裡我要特別感謝台大物理系傅昭銘教授，這麼有熱忱、無私的老師已不多見，感謝他的指導，雖然我只在台大見過兩次面。

「這麼懂事會感恩的孩子很少，真令人感動！」許多老師都這樣告訴我。

兒子從南非回來第二天，雖然感冒，雖然很累，還是抱著病體，打起精神去感謝國中、國小教過他的老師。

他懂得感恩，也打算包紅包給所有長輩，分享自己的喜悅。

金牌，高興一天就好了，路還很長要走。成績、分數會過去，能力、習慣卻是一輩子。

兒子成長很多，報平安、禮節、謙虛等等，都不是課本上說說孩子就會照著做的，連越洋記者訪問，他也謙稱幸運，比他老爸還謙虛，孩子做得比我好太多了。很多、很多該學的事，都是課本上學不到的。

但得一片橘皮吃，且莫忘了洞庭洞。孩子不忘本懂得感恩的心，是我目前最值得驕傲的地方，那塊金牌，相形之下就算不得什麼了。

兒子小學時，自己畫了一張母親節卡片，上面有一棵樹及一位有翅膀的天使，感謝媽媽的文詞表達真情流露。我高興的是孩子長大了、成熟了，對父母的印象由小時候的抱怨，轉變到現在的感恩。

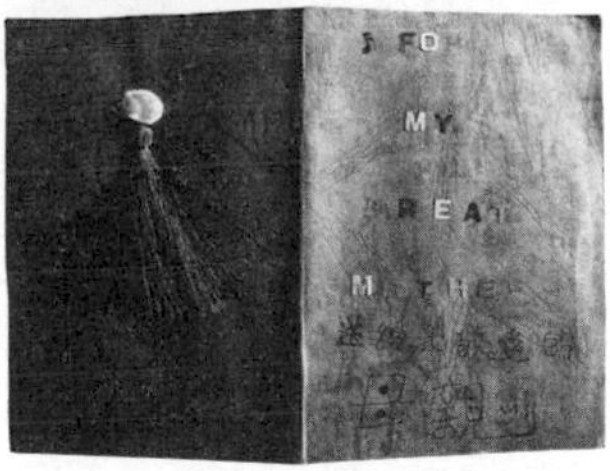

媽媽用心瞄來的祕密

孩子的週記，
篇篇都是真實心情寫照，
也是媽媽用心瞄來的祕密。

孩子的內心世界，大人是難以捉摸的。

儘管兒女放學回家，也會分享學習的一些故事，但那只是內心的一部分，媽媽還是會習慣從孩子的日記，以及學校作業的心得報告，自當中探窺一二，作為參考。

儘管兒子科奧這期間，情緒起伏不定，吐出來的口水都是負面情緒，但從週記裡卻能看出心情平靜的一部分，以及這段期間的心情寫照：

上了一週的課後才發現，老師們除了主題式教學，很明顯地也進行統合型的方式，尚未讀過所有課程的我，非常吃力，也不知何時才能趕上大家。

期待自己有豐富、快樂的三年高中生活。

因為國中時真的非常不用功，所以上了高中，大多聽得十分吃力，而數學方面的計算能力也相對十分不好。期待未來幾週能有所改善，更希望自己能度過當前的壓力。

至今，我終於理解自己的學習方式，是和別人有多麼的不一樣，也知曉何為背和理解的共存共榮，但十分不幸地，這對我而言是行不通的，對於「背」，完全不行，至少要將他合理化，即使是英文單字也是如此。

不知道可不可以用英文來練習寫日記。（英文很差。）

在科奧的訓練，漸漸的已趕上大家的車尾燈，但我仍認為自己的實驗有待加強，我希望可以找一些中午時讓我和另一位同學可以操作更多儀器。

即使成績結果不影響，我仍想將他做好，畢竟是我難得的運氣，讓我得以出去比賽。

我好像在拚指考喔！

國慶日，在家自習，預計完成生物免疫及內分泌系統二章節的我，因為自己的

偷懶只完成一半。

另外，化學報告中熱力學的部分，因為涉及不少物理知識，造成自己即使花了不少間也毫無進展。

每天幾乎皆睡不著，真的十分困擾。

段考終於結束了，真的十分不理想，尤其是數學科及國文科，不認真是事實，進步空間非常大，下次一定要改進。

我了解老師們考的皆十分基礎（皆來自課本及講義），真是用心良苦，我真該反省⋯⋯。

班上沒有小團體很正常，但在球場上沒有爭執，就令我十分訝異，但這也代表了我們的EQ和IQ一樣好，十分令人高興。

這次的班籃，我很幸運的貢獻了一些分數，可惜體力無法持久，相信下一次的比賽，一二七會更好。

基本上，課業都沒問題，但因為皆頗有深度，尤其是化學科，所以稍微擔心出國回來，將無法跟得上進度，所以打算請同學幫一下忙。

期待人生第一次出國能順利。

媽媽看完週記後，得知兒子軍心漸穩，按部就班了，也就鬆了一大口氣。雖然口裡不說，仍有些抱怨，但能寫出這樣的心得，問題也就不大了。

太太非常重視孩子身體及心理健康，這點我是不及她的。

另外她還看到孩子科奧的培訓心得：

「為了得到良好且不失國家顏面的成績，我必須努力再努力。」這是在培訓期間不斷盤旋在我腦中的一段話。

從小就是以非常快樂的方式，和一般同學一樣一起學習、考試，一點也不突出，唯一不同的就是，因為自己能力較佳，可以在讀完書後，多出時間打球，並查些課外知識文章閱讀之，從來沒有出國比賽拿金牌的念頭與想法，對我而言，那太奢侈了。

但如今，在此接受訓練是個事實，以往拿去打球享受的時間，一切要加以剝奪並加以利用，彌補和其他五位同學的差距。

高中課程一把抓，這是我對科奧訓練的形容，雖然不是學完了就不需讀高中了，但多少都一定有所幫助，對我而言，就像是預習一般。

其中實驗部分是最難能可貴的，一般而言，老師會說因為具有危險性而禁止進行實驗，國中之前做的實驗屈指可數。所以我非常慶幸自己有這樣的機會。

才剛拚完基測的我，本想好好的休息，但計畫真的趕不上變化，除了立即轉戰科學班之外，竟然連科奧也成為我生活的一環。壓力與日俱增，怠惰是不被允許的，疾病時常纏身，誠心的希望日子能儘快結束。

但綜合而言，一切都是好的，我十分感謝教授們的教導，也感謝輔導員們的陪伴，相信在這段時間內，知識固然豐富了不少，但心靈成長的成分必定更加值得。

再看他在國文課看記錄片的心得：

尚未看完音樂人生KJ影片，我就已被震懾，沒想到在我心中未表現出的個性與想法，一一呈現在他身上，極端的想法，瘋狂的作為，讓我引起無限的共鳴，差

別只在於自己因為從小的挫敗和教化，勉強壓抑了這不可駕馭的心。

我曾想像過戰爭而造成眾多人民的死亡將會是好事，即使自己是犧牲者，基於可以保存更多生物，甚至地球本身；我認同比賽是毫無意義的，即使現在卻想利用競賽當升學踏板，我相信學習是為了感受獲取知識的快樂而學習，並不是為了競賽，榮耀甚至破紀錄……。

然而，在我相信與他的高相似度時，和我不同的個性卻大相矛盾而存疑；其間的奧祕在哪？唯一讓我猜想得到的就是「朋友」了。他有一位始終相信他並支持他的朋友，而我卻始終在尋找的過程中獲得不少苦頭，結果，造成敵人林立。

期待高中的我能盡量採取中庸之道，老子所謂無為的想法，實現於自己的身上。

這篇文章後面老師評語是：「那一定很辛苦，而那經驗也是禮物，教導你走接下來的路時，如何修正！」

太太看完後說：「兒子從小自我很強，很自私，為了符合社會的期待，他過得真的很辛苦，難怪他一直對我說他有多重人格，真是難為他了。」

兒子不敢看我寫的書，裡面盡是他的糗事，破壞他的形象。他特別交代我們兩個老的，你們要做什麼？寫什麼都可以，但請不要讓我知道。

所以我也拜託讀者，千萬不要告訴他，緊守口風，這是祕密，而且傳話之間也不一定是作者原意，不然人家怎麼會說「寄錢會少，寄話會多」。

Part 6

學會當個「變頻父母」

誰說他不在乎？

我的兒子脫線得很寶，
後來我卻發現，
問題是在不在乎，
而不是脫不脫線。

關於我的兩個孩子，讀者看到我之前的四本書，可能會誤以為他們好像優秀到什麼都完美無缺、好棒，功課主動，品格又好習慣佳。

可是回頭看到自己孩子這麼不爭氣、不受教，相比之下差這麼多後，又開始緊張、恐慌，自慚形穢，怎麼辦？

其實不盡然如此，我孩子缺點也超多，只是看你怎麼正面思考，把缺點引導為優點，把阻力化為助力罷了。

許多人羨慕我家有個資優生，以為孩子聰明就很好，其實我們兩夫妻被他氣得半死，因為從小狀況就非常多。

狀況之一是很脫線，忘東忘西、掉東掉西，罵也沒用，扣錢也沒用，今天掉外套，明天掉水壺，後天可以掉鉛筆盒、立可白、習作、籃球、保特瓶、名牌、學生證、聯絡簿……什麼都能不見。

他可以上學前忘了洗臉、晚上忘了洗澡，睡前忘了尿尿、刷牙……，他可以拿錯，以牙膏洗臉、洗面乳刷牙、沐浴乳洗頭。忘了、不見了、拿錯了，理由還真多。

有一次洗臉，都已抹在臉上了，才知道是洗髮精。

「哎！算了，都抹上去了，將就洗吧！」自己安慰自己。

小學時，他常上學前忘了洗臉，有一次還特別提醒他沒洗臉，他居然回我說：

「一大早洗那麼乾淨做什麼？又沒人要親我？」

小六的畢業旅行，口香糖買兩條可以馬上掉一條；我買一支全新的雨傘讓他帶去，三天後回來，也不知掉在哪個景點。

國一上校外教學，讓他帶一張百元紅鈔在口袋，回到家要還我錢時，發現錢怎麼不在口袋裡，又沒有花掉。

「啊！慘了，我是要丟右口袋的一張垃圾紙，結果丟錯左邊的百元紅鈔了啦！」

一百元被他丟進垃圾桶，帶回來一張廢紙，跟這種人生氣，我會提早向閻羅王報到。

這位老兄自以為是牛頓，以後可能也把手錶當蛋一起放下去煮。有次學校在暑期輔導時，提前發上學期的課本。明天都要開學了，兒子才跑來跟我說：

「爸，我歷史課本不見了。」我傻了。

但這部「課本失蹤記」還有續集喔！到了第三天，又聽見他自己在喃喃自語：

「糟糕，我國文課本好像也不見了。」

在他小二還是小三時，我曾經整個人氣到發抖，口氣非常不好的對他咆哮：

「奇怪咧！你人怎麼不會不見？」

「因為有腳會自動走回來啊！其他的又沒有腳。」一副無辜的樣子。但我更生氣：

「那你『小鳥』怎麼不會不見？」

「啊那個『ㄨˇ ㄉㄠˋ ㄉㄧˊㄠ A啊』！」（台語「有連著的」）

我不知道該笑還是該哭，因他回答得有理。

姊姊還說弟弟真厲害，一切都走在時代尖端；人家是學期結束才丟掉課本，他卻是學期還沒開始，課本就先丟了，真是高手。

兒子國中在校常被罰站，因為常常忘了帶課本。國二下又被理化老師罰站了一節課。全班只有他一個人被罰站。

奇怪了，明明有帶的，回到家第一個動作，就是找課本，邊找邊唸，真邪，就是找不到。第二天到了班上，才知道物理課本就放在自己椅子下，白站了一節課。

接著他說：

「有一個不詳的預感，我明天一定又被罰站。」

「為什麼要被罰站？」

「不知道。」

「你很可憐耶！」姊姊同情他、揶揄他。

原來明天要交功課四本，有三本放在學校，聯絡本日記也還沒寫，都九點多要睡覺了，才知道功課一大堆沒寫。

九上兒子競選優良學生，問他抽到幾號？

「不知道，好像是六號。」

於是在家他做了一個六號的大牌子，上台發表政見。但第二天上台前才知道，原來自己抽到了是九號。

怎麼辦？他也還真夠厲害，阿拉伯數字六拿反過來，「一秒鐘六變九」，這樣也能讓他ㄠ過去。

運動會到了，兒子問我預演到幾點？

「我又不是校長！」

「那今天星期幾?月考什麼時候?考到哪裡?」

「你當我是三太子啊?什麼都知道?」

以前都問同校的姊姊，但現在她已經畢業不同校了。我也試著問他：

「寒假什麼時候開始?」

「不知道。」

「那老師交代什麼?」

「不知道。」

「那你知道什麼?」

「也不知道。」

哎!一問三不知，神仙沒法治。

真是氣死人，沒有耐性的，早就一命嗚呼哀哉了。

這時電話來了，我要去接，而電話顯示是兒子的手機號碼，明明在家幹嘛打到家裡?

「因為我忘了自己的手機號碼，想求證一下而已。」

真的是「天兵」一個，問題是我「內傷」重，看到這些事，聽到這些話，真是又好氣，又好笑。

兒子從小上大號就有脫光褲子的習慣，有次上完廁所出來居然又找不到內褲，找了好久，洗衣籃裡也沒有，不知忘到那裡去？

好吧！再拿一件新的穿好了，媽媽堅持要兒子找到那件穿過的，後來也真的如願找到了，媽媽以為他會丟入洗衣籃，可是籃子沒有啊？

一問之下，才知道他把穿了一夜的內褲，又摺回置物櫃放，晚上可以再拿出來穿。媽笑他怎麼那麼髒？

「趕快拿出來晚上洗！」

以前讀小三時，一次洗澡完後，找不到內褲，再拿一條出來穿，第二天才發現自己怎麼穿了兩條？想不到國三又來一次。

媽媽怕他下次再找不到，目標不夠明顯，特別買了好幾條黃埔大內褲，比阿公穿的還大，當時孩子還拒穿，幸好媽媽苦口婆心的說：

「沒關係啦！大件的空間大，小鳥比較好呼吸，長得快。」

最近我們家又在談論這件事，兒子很不爽的反擊：

「都考上建中了，還在說小學穿兩條內褲的事？真沒營養，我故意的嗎？」

對喔！我都成為「ㄐㄧㄢˋ」爸，太太叫「ㄐㄧㄢˋ」媽。不是建中小孩的爸媽，是一個健忘小孩的爸媽；但和「賤」絕對沒關係。

好啦！他要我以後不要再說了，我就不說了；但我可沒答應以後不寫的喔！國三下他還創紀錄開學第一週，星期一到星期五都穿錯衣服到校，學校規定的制服，沒有一天是穿對的。

媽媽數落他，自己不在意的事，總是不經大腦思考，這樣以後出社會很吃虧。「才怪啦！誰說我不在意？我在穿好紀念T恤後，還想了一下，認為今天應該穿運動服，於是又脫掉換成運動服，哪知到了學校還是穿錯，我怎麼知道會這樣？」

脫線的老毛病，一時半刻的也改不過來，從國小、國中一直延續到高中，也只能接受。高中才讀一個月，地科課本就不見了，在學校以為在家裡，在家裡認為在學校裡。

我特別交代兒子，以後做什麼都行，絕不能當醫生，萬一替人開刀，開脖子變成開肚子、小腸接到大腸、左手接到右腳……那麼被他下刀的這個人，不就整個都亂掉了嗎？

這不是笑話，中研院前院長李遠哲之前才表示，幾年前到一家診所拔牙，因那天太累了，在治療臺睡著了，一覺醒來發現被拔錯牙。也曾有名醫開錯左右腳、開頸變開腹……。

影響到自己的疏忽自己承受，如果影響到別人的權益，甚至生命安全，那就「代誌大條」了（台語「問題嚴重」），這種事我無法接受。

兒子覺得你們都不懂，被冤枉好委曲，很不服氣的在床上，自己喃喃自語：「說我脫線忘東忘西？我告訴你們，我是事情太多，太專注重要的，才忘掉次要的，你們懂不懂啊？如果我沒那麼多事，要比記憶力，脫線的人還不知是誰？」

這時鴉雀無聲，沒人敢反駁，因為他說的也是事實。

以前我們當新手爸媽，總是用罵的，現在才能真正了解他，進而體諒他。

其實不是脫不脫線，而是在不在意？他在意的事，記得比你清楚，那叫選擇性記憶。

你告訴他下個月要帶他到國外旅行，絕對天天記得，每天放學吃零食也不用人提醒，找不到餅乾還會打電話問。

以前不洗臉，現在一天不只洗五、六次，怕長青春痘，連頭髮翹翹的都不行，一定得用水抹過擺平。

問題是在不在乎，而不是脫不脫線？

家有「脫線兒」

學名說是助理，
俗名根本是免費台傭；
而我這個老爸更慘，
還要身兼數職：
奴才、跑腿、書僮兼司機。

一位媽媽問我，家中孩子也像我兒子這麼脫線怎麼辦？容忍他？罵他？其實兒子也被我罵得很慘；我的方式不是容忍他，而是要了解他之後，再決定自己的後續作法。

小學罵到國中，到頭來也沒用，後來不跟他生氣了，後果自己承受吧！課本沒帶的話，小學時我會幫他帶去，國中後就不帶了，讓他去罰站吧！泳褲忘了？那就扣分吧！

一切自己負責，自己去感受，我會當笑話一則，不會再生氣了，要分析自己孩子脫線的屬性。我大略分為兩種：

（一）功能喪失型脫線

孩子根本不在乎，因為大人為孩子做得太多、做得太好，沒製造機會讓孩子學習，長大了變成真脫線，沒責任感，一事無成，生活白痴，不認真於課業或專長、興趣，這種沒有責任態度的脫線，一輩子就完了，我無法接受。

很多直昇機父母，永遠是孩子背後的影舞者，事事出手、處處接手、如影隨形、放手不了，不敢給壓力，永遠是大人幫孩子頂著，孩子沒機會長大，也不可能長大。

（二）分配不妥型脫線

因時間不夠分配，以致專注於某事，卻忽略次要的事，表面上忘東忘西，仔細研究其實事情真的煩又多，為了自己目標努力、認真。

這種脫線情有可原，大人自己也會犯這種毛病，無可厚非。吃燒餅哪有不掉芝麻的？人總會有疏忽，忙中有錯，只要不影響到他人權益都可接受，這是正常的。

一般而言資優生都很脫線，我兒子即屬第二類。以前我和太太不懂，只懂得罵兒子掉東掉西。現在了解到孩子真的很忙後反而體諒他。甚至凡事提醒他、幫他。

兒子開學第一天放學回來，就交待媽媽要幫他記得：

「每星期二、四要升旗，七點四十分要到校，星期三穿白色運動服、星期四要穿藍色運動服。」

「你當我是誰呀！」媽媽回他。

「你當然是我的助理囉！要不然我會忘記。」

就這樣媽媽變成了兒子的助理，提醒他大小事。

「助理」到什麼程度？學校的制服是前面一整排五個扣子，都快遲到了，還要扣那麼多個？

「哪有制服這麼麻煩的？浪費我時間。」

媽媽心疼他每天真的很忙，要應付學校功課以及科奧培訓的壓力，自動每天上學前把底下三個先扣好，他只要直接套上去就好。有一天媽媽沒扣，兒子抱怨的說：

「媽媽今天沒幫我扣扣子，都沒時間了，還要玩這些。」

「我忘了，助理也會出錯的，所以你自己也要注意。」

「這位助理真不盡責。沒時間了，媽媽幫我拿襪子。」

「用嘴巴講就有時間喔？你可以……」

媽媽還沒說完，

「對呀！再幫我拿口罩。」

「幫我拿一張衛生紙。」

「為什麼我沒有八隻手呢？」

兒子的連環炮一直發射出來。

「你想當八爪章魚啊？再多隻手也不夠你用。」媽媽回答。

「也對！」

然而媽媽是位有智慧的助理，她選好兒子較有空閒的一個早上，故意將制服的扣子整排扣錯（第三個扣子去扣第四個扣眼）修理修理這位懶人，以免他成為生活白痴。

「助理」不是隨便亂當的，是有前提的。

當助理之前，孩子必須要有生活自理的基本能力。我們在孩子讀小學、國中時，就訓練他們做家事，前四本著作皆有提到。

到了國三要考高中，因為時間不夠分配，我們就不會墨守成規，一定要孩子做家事，我們不希望讓孩子犧牲睡眠。

許多孩子沒訓練過，父母從小在後面頂著，一直到孩子長大，不斷收拾殘局，從頭做到尾，當然孩子成了生活白痴，這樣做也不對。

父母滿分，孩子零分，這樣很不好。但有的父母堅持孩子在高中或大考前，天天還要做家事，這也值得商榷，沒有彈性也不大好。

又要馬兒好，又要馬兒不吃草？怎麼可能？怎麼拿捏，這可真是一門大學問呢！

國三前兒女的便當盒放學回家，媽媽都要求他們自己洗，但兒子很會拖，從放學後再三叮嚀到睡前一刻，還是忘記。

媽媽每次都被他氣得牙癢癢，總是想揍人。所以隔天一起床，馬上盯著他洗完才放他走，但同樣的戲碼還是常常上演。

國三基測了，孩子較忙，媽媽便主動接手，洗碗、拖地也免了，因為知道他們都會做，基本能力沒問題，不是懶。

從小學開始得知營養午餐問題多，太太堅持自行準備午餐。因小學近，我每天送便當到校；而國中較遠，我因寫作與演講而又更忙，只好讓孩子帶便當去學校蒸。

問題來了，乖乖牌的女兒是ＯＫ啦！天天拿去蒸。懶人脫線的弟弟，卻常常忘了蒸便當，連冬天吃冰便當也不在意；每天上學前千交代萬交代，到校還是忘，真拿他沒辦法。

一開始他是真的忘了，最後就變成懶得拿去蒸，覺得吃個飯怎麼這麼麻煩？算了。於是兒子國中三年常吃冷便當。

上了高中，兒子因蒸飯麻煩，選擇吃學校外食，看他壓力大，我們選擇尊重。但吃了一個禮拜之後，兒子自己說要帶便當到校蒸飯，因為外食也很難吃。

太太知道他一定會常常忘記蒸而吃冷飯，於是想到有一次會計師來店裡和太太聊天，無意間聊到她的經驗談，給孩子買保溫便當。

這種便當盒雖然一個一千元左右，但可保溫八小時，非常實用，但卻要早起準備。

為了讓兒子免除蒸飯這瑣碎的事，媽媽犧牲睡眠早起現做便當，讓他不必蒸飯，也能擁有熱騰騰的午餐享用。

從堅持孩子自己做，到完全接手一手包辦，不僅讓孩子擁有生活基本能力，還贏得孩子的心。

適時的當孩子的助理是非常必要的，你的用心孩子感受得到。

學名說是助理，俗名根本是免費台傭；而我這個老爸更慘，還要身兼數職：奴才、跑腿、書僮兼司機。這下姊姊又要發表高論了：

「媽！明早記得告訴我說要月考。」換女兒上場了。

「什麼月考？」

「你對我說，我就知道了。」

第二天早上上學前，這位超級助理居然忘了。我順便告訴女兒：「明天放學打給媽，不要打電話給我，我要去台中演講，無法載你。」

「你現在講沒用，明天我就忘了。現在不知怎麼了，上一節的事，下一節就忘。」

「還笑弟弟脫線？你現在能體會了吧？」

最近姊姊不知怎麼了？連「勵志」都說成「志勵」。

「完了，我現在說話都顛三倒四，忘東忘西，怎麼辦？」

「以前不是批你弟脫線嗎？怎麼現在自己這樣？你以為學到弟弟的脫線，就會像他那麼聰明嗎？」

「我事情太多啦！」弟弟聽到馬上跳出來抗議：

「喔！我忘了就是脫線，你忘了就是事情多？」

姊姊偷笑不敢反駁，因為知道自己只不過較慢一點發作而已。

有次晚間近十一點，我都快睡著了，鴉雀無聲了十分鐘，突然女兒叫了一聲：

「爸！」害我嚇一跳，以為發生地震。接下來那一句是：

「明天班費一百五。」

我們三個都笑翻了，又不是什麼大事，一票人都被你叫醒，眾人酸她一個：
「明天早上再講也不遲嘛！」
「我怕明天忘了。」
你怕明天忘了，難道我明天就會記得？這小女孩很「精」喔！把責任丟給我？拜託，我也變聰明了。
「我的稿子呢？」
「明天七點提醒我要演講。」
「我上衣怎麼不見了？」……
哎！起初家中出現一個脫線兒就很頭痛了，現在又陸續加入我女兒。但其實想想，也好啦！反正我也可以加入「脫線族」，不是嗎？
「等下記得叫我洗澡喔！」
最近在趕稿，很忙。我故意去吵我們家的超級助理。
「你來亂的啊？放著爛啦！」

青春期VS更年期

很多父母都說沒時間，
但總要抽個時間照顧孩子，
孩子才會服從你。
要讓孩子服從你，
而不是一味用權威。

兒子國一時，媽媽還不懂孩子的特質，看到他的種種脫線行為，總是不斷的嘮叨以及盯著他完成該做的家事，常常會和兒子起口角。

媽媽有經前症候群，ＭＣ來之前脾氣很差，看到兒子的脫序行為更為光火，有時會因荷爾蒙作用看不順眼便「河東獅吼」！

記得曾提到兒子我都叫不起來，媽媽進去馬上跳起床。我向兒子抗議不公平，兒子居然回我：「那隻比較恐怖。」

有次晚上他自己去洗套手的護腕，水一路滴在地上，還滴入地毯上，被媽拉開嗓門大罵，兒子很不爽的跑來向我告狀：

「每次『大姨媽』來都這樣！」

大姨媽來這幾天兒子都很乖，會自動穿衣服、做家事。

「我得趕快去寫功課，不然『機關槍』下班回來一掃射，我就死定了。」

有天兒子吃完早餐，嘴饞要拿餅乾吃。媽唸他：

「有食物不吃，吃垃圾？」兒子又把餅乾放了回去。

我覺得這句話有語病，因為我們家的規矩是偶爾吃垃圾食物前，一定要先吃完正餐，既然他已吃完早餐，本來就有權利吃的，名正言順。自己設下的遊戲規則，怎麼可以說改就改？雙重標準不是吃不吃的問題，是買不買的問題，不給吃就不要買，不是買了又要限制？孩子當然不服。

我跑去向太太解釋，她也自知理虧，是自己錯了，對兒子說：

「要吃去吃啦！」這時兒子擺出苦瓜臉，賭氣不吃了。

「說你一下就不高興？」

「媽！你不要惹我，我現在青春期喔！」

「哼！青春期？你娘我更年期啦！要不要拚看看？」

碰了釘子的兒子，想不到媽媽更兇，跑來對我說：

「每次媽大姨媽（生理期）來，我就ㄙㄨㄟ（台語「倒楣」）啦！」

接著又去嗆媽媽：

「大姨媽有什麼了不起？你『ㄍㄜ ㄔㄤˋ ㄑㄧㄡ』（台語「再囂張」）也沒多久了，馬上要沒姨媽（停經）了啦！」

「仙拚仙啦！看誰拚贏？難道你不知道沒姨媽後更恐怖？那叫更年期。」媽提醒兒子。

「啊？真的嗎？那我慘了，還是趕快認真讀書，早一點脫離苦海。」

這個時期只是不爽反彈階段而已，還不至於和父母對抗、對損的程度，但已嗅出「未爆彈」的跡象，不知道什麼時候會火山爆發？

我又不小心翻到兒子，在小五升小六時，寫下的心情寫照：

很多學生到了五、六年級時就會有叛逆期，但是我就不會有這種現象。我認為這跟父母與孩子互動多寡有關，因為只要彼此互動多，就會了解對方，也能培養出好的關係。但有些人會問：

「哪有一定？」

所以我決定舉出我在電視上看到的例子，講給大家聽。

二〇〇七年七月十一日早上，我邊吃早餐邊看新聞，看到一位男士可以和一群非洲野生的獅子玩在一塊。因為他天天都陪伴著牠們，使得感情越來越好。

既然人和萬獸之王，都有辦法培養出這麼好的感情，那人和人更不成問題。所以培養關係是非常重要的，我們絕對不能忽略，否則生活會過得很痛苦。

很多父母都說沒時間，但總要抽個時間出來照顧孩子，孩子才會服從你。你叫孩子做什麼，他們就做什麼。不是你說什麼，他不聽，還一直唱反調。

這是兒子五年前的有感而發，原來他這麼清楚來龍去脈、孩子都知道原因出在哪裡，只有大人不知道，所以才會產生所謂的叛逆期風暴。

有的家長連自己孩子這學期讀幾科，幾點放學，全然不知。我有個朋友心血來潮，休假一天要送女兒去上學，結果車開到了校門口，女兒卻不下車，爸爸怕他遲到，催她趕緊下車，女兒氣得大罵：

「我都讀高二了，你送我來國中校門口做什麼？」

這種事還不是絕無僅有，某次演講後，有一位父親向我訂書，居然不知道女兒現在是幾年幾班？

這樣的相處模式，很多教養問題都難以解決，更何況是孩子的叛逆期？兒子這一篇的心情寫照，已替所有的孩子發聲。這位獸醫在小獅子六個月後，每天花許多時間和牠們說話，雖然牠們只會：

「吼……吼……」

但你要花時間了解每個吼聲代表的意義，讓獅子們知道你不具敵意，真為牠們好。所以獅子們每天輪流在獸醫身上磨蹭，乖乖聽話，連獅子都能如此，何況是你的小孩子？

關鍵在願不願意花時間聽他們說話，解決他們的需要，還要了解、溝通。這些基本的道理大家都懂，但大家就是做不到、不願做、藉口太多，以致產生誤會，親子關係不良，甚至破裂。

方法不對，身教不好，自己沒跟著成長，總是以老掉牙的傳統觀念，以父母的權威命令孩子，但卻忘了孩子會長大，會反抗。你叫他往東，他偏往西，什麼事都故意做相反。

最近一位媽媽向太太抱怨，自己孩子以前好乖好聽話，怎麼到了國三突然性情大變，不聽指揮還會反抗。太太告訴她：

「拜託！你們孩子只是慢一點發作而已。」

另一位讀者告訴太太，她對國一兒子的叛逆束手無策，不聽話，無法溝通。有一天兒子我行我素，你說你的，我做我的。母子吵架，對兒子說：

「我快被你氣死了。」

「那你怎麼不趕快去死？」兒子頂了回來。

「……。」

媽氣得說不出話來，好不容易又擠出一句：

「你給我出去！」

「你錢還沒給我，我怎麼出去？」

昨天我去繳管理費，和收費小姐聊到教育。她說很擔心，許多媽媽告訴她孩子小學高年級到高中，一定會有青春期，脾氣大、口氣差，好怕！

我告訴她那是溝通不良，孩子需要宣洩，用心帶孩子的父母根本不用擔心。說也很奇怪？難道你以前沒叛逆期過？都不檢討自己更嚴重的更年期，只會怪孩子了？不公平。

其實是父母的心態要調整，孩子長大了不再唯唯諾諾，有自己的主見，你不再是一家之主，不再是森林中的國王，也不可能再主導他們。

情緒變化多端，荷爾蒙作祟，本來就是青春期的典型狀況。不正常的、無法接受事實的是大人們啊！

當兒子知道我要寫這個題目時，還好奇一直問我結局：「到底誰贏？」

「仙拚仙，看誰贏？」小學是父母大聲就贏；國中時換孩子大聲，表面上是孩子贏；但我和太太一路修正結果，高中以後是孩子與父母雙贏。

如何面對叛逆期？

不必硬碰硬反而得到更多，
靠大人的智慧化解衝突才是真功夫，
整盤棋就是你在下了。
有時候叛逆也只是大人不想花時間了解
孩子的藉口，
以及這時候所創造出來的形容詞罷了。

根據調查，國高中生升學壓力大，和父母的衝突多，家庭氣氛非常差。在我們家，女兒是乖乖牌，沒什麼風暴；但兒子就避免不了。當時感性的兒子，並未料到一年後的「荷爾蒙」作用，也席捲在他身上。青春期小六時悄悄報到。在國一升國二時脾氣越來越大，在國二上達到顛峰。我們兩個老的和他的磨合期大概一年，當天溝通，當天解決，沒有隔夜仇。從小就跟孩子講道理，誰錯誰道歉。叛逆期宜以商量、溝通代替責罵。

兒子在小六時，就已經會耍脾氣了。愛面子的他，有次上于美人的《國民大會》節目，還沒出門臉就很臭，坐捷運途中也不說話，雖然知道他在氣什麼，我也默不吭聲先沉住氣，見事辦事。

因為今天要拿他被笑很久了、很久的二手書包上電視，舊鉛筆盒、短鉛筆、加水再利用的彩色筆……。

全台灣人都知道他的文具都很陽春，萬一老師、同學看到了更丟臉，以致故意表現不佳、消極擺個臭臉，好像人家倒了他的會錢。

一路上生悶氣，口氣很嗆，也不太想說話，故意唱反調也不配合。我看在眼裡，雖然氣炸也不點破，也不逼他一定要配合，決定讓他鬧個夠。

錄完影，果不其然，表現得真差，人家問也不太想說，什麼都不知道，我也不罵他。回程坐在捷運上，只對他說：

「你表現得非常不好。」

我不願再指責，因為我知道，以我自己的脾氣絕對會控制不了，絕對開罵，爆發第三次世界大戰。

回到家，媽媽得知狀況後，知道兒子生氣的原因，能理解他的立場，也感同身受他的壓力及不滿，立即曉以大義，以人生大道理及大人的立場來感化他。

媽媽要讓他知道，在電視上的表現，不僅砸了爸爸的招牌，也讓自己難堪。媽媽特別提醒他：

「你為了一時的面子，卻丟了更大的面子。」

兒子聽了後，覺得很對不起我，痛哭流涕直向我道歉，說他把事情搞砸了，他不知道事情後果這麼嚴重？大哭一場後說：

「對不起，下次我不會這樣了。」

節目播出前，他不敢對人說，深怕認識的人看到了出糗。播出那天也不敢看，希望認識的都沒看到。

偏偏這集收視率又特別好，還在兩個頻道上播了又播，重播不知多少次，老師、同學這次沒看到，下次也一定會看到了，連買個晚餐也被認出來。

有一次我帶兒子去買泳褲，也說在電視上看到他，還有買水餃、豬肉時……。唉！這時兒子才知道，大家都看到他的表現了。

除了講道理外，善用哀兵政策，也是一記妙招。

太太常用我這裡酸，那裡痛來得到孩子同情，兒子偶爾會跑過來搥搥背，裝個樣子好像很貼心、很孝順：

「好啦！好啦！以後醫你，我認真一點。」（讀書）

有時太太裝累：「媽今天很累，幫我拖地。」

結果兒子順便把全家的碗洗光了。

看高中數學碟片，我也裝傻不會，要兒子到電視旁教我，

「笨！連這個也不會。」

其實他教完後，我還是不會，但我只要點頭，假裝自己懂了，很會教，讓他有

成就感。

表現為弱者時，就已承認自己是輸方，這時反而激起對方的同情心及優越感，不會有心防，進而想幫助對方，尤其是自己的親人。

愈強硬的孩子愈不怕強，他們只怕弱者。

當父母姿態低時，這時孩子的優越感就出來了，他們不知自己心情不錯時，正一步一步陷入我的手掌心中，這時就是我予取予求之時。

不必硬碰硬反而得到更多，靠大人的智慧化解衝突才是真功夫，整盤棋就是你在下了。利用傾聽和幽默，也是很好的解決方式。

「一大早也不知道在火大什麼？」

國一下載兒子上學途中，在機車上等紅燈時，擺著臭臉的兒子突如其來、莫名其妙的向我抱怨。

「啊？什麼？」

「早上媽叫我穿背心，我就在找，根本還沒找到，她就在叫『還不穿啊？』我還在找，又不是不穿，一直催！」

不到七點，我就嗅到濃濃的火藥味，但不介入，靜觀其變，我只是「站高山看馬相踢」（台語「隔山觀虎鬥」之意）。兒子繼續講下去。

「之後問我早餐要吃什麼？我說隨便，她火氣更大，『不要給我說隨便！』我本來就很好養，給我什麼都吃，不對嗎？」

「對啊！沒錯，我給你廚餘也是吃啊！」聽他口氣這麼忿忿不平，我只有幽默以對，緩和一下氣氛，見他會笑了。

「哇哩咧靠……右邊走啦！」

這是我們一家四口發洩情緒的口頭禪，因為不敢飆髒話，只好用這個代替語詞。

在還沒真正了解實情後，我不表明立場，也不會偏袒任何一方。孩子不是一定錯，大人也不一定是對。兒子繼續開講：

「我平常也說隨便，都沒事，今天說就有事，標準不一，超不爽！」

「忍耐點啦！這個家裡你比較厲害，只剩下你最耐得住罵而已，不罵你罵誰啊？」

原本一肚子火，咬牙切齒生氣到極點的他無奈的又笑了，我繼續說下去：

「我被罵會爆炸反擊罵回去，姊姊被罵多了會反彈，只有你修養最好，既然修養好，就不能失去風度，為了保持風度我支持你……繼續被罵。」

只見他火氣全消，面帶微笑的走進校門。

回到家我問太太，得到的又是另一種說法。

「我聽他在唱歌，明明夾克要穿上去了，根本不想找，不準備穿背心了，還要辯？我才生氣叫他『還不穿啊！』，他才又去找的。」

太太火氣也不小，還原了整個完整事實，像連環炮停不了……。

「出門時他也是直接要走出去，不穿厚外套，是我叫他穿才又回來穿的。我問他要吃土司或餅乾？他說隨便。明明口氣很生氣，平常不會這樣，還要辯？」

兩母子的戰爭，還好我沒加入，不然會更火爆。

其實人都一樣，心平氣和時，再怎麼難聽的話也會當玩笑話，情緒一來說什麼都很敏感，都很刺耳、都不對。

以前我會加入戰局，幫著媽媽一起罵兒子，現在我較傾向以幽默化解一切，不得罪雙方，去找出癥結點在哪裡，再出手溝通解決。

太太稱讚我那麼行，用稱讚的話罵人，人家還感謝你。不好意思，最近看很多書學的，你不知道我一直在成長啊？

我們夫妻倆約定好，兒子抱怨的事只能私下討論，不能再對兒子傳話，不然下次他不會講出自己想法，無法抒壓。

兒子放學後回到家火氣全消了，也忘了早上的事，這對母子真好笑，因為過了不久的早上又來一次。

母：「早餐要吃什麼？」

子：「隨便。」

母：「什麼就什麼，不要吃算了，根本是不想回答！」

太太口氣有點動怒，兒子也不甘示弱喃喃自語：

「好啊，不爽吃啦！」

這種戲碼幾年前在我家常常上演，一邊是太太，一邊是兒子。

其實孩子哪有什麼青春期？回想起來反而是我和太太發脾氣的次數多，自己心裡煩、雜事多，怪孩子比較快，沒有先檢討自己，會有衝突一定是相處時間不夠多、不夠久所發生的溝通不良。

像女兒上國中後，反而幽默多了，怎麼看也看不出有什麼叛逆？

叛逆也只是大人不想花時間了解孩子的藉口，以及這時候所創造出來的形容詞罷了。

生兒子就怕一個「壞」字，生女兒就怕一個「懷」字。多用「我們」，少用「你」、「我」等單獨字眼較有親和力。

青春期是騙人的，現代父母不好當，要能屈能伸，用心了解、體諒孩子，所有大小事必能防微杜漸，再怎麼青春期，孩子不會也不敢越雷池一步，就算無法避免，風暴也一定能降到最低。

我第一本書叫《我這樣教出資優兒》，六年前上某一電台，主持人就挖苦我將來要寫一本《我這樣教出叛逆兒》，譏諷我青春期的孩子，不是像小時候那麼好控制，因為她女兒就曾讓她很頭痛。

看來這位名主持人要失望了，因為六年後我以事實，推翻了她的經驗及必然。

別生氣！我家的孩子也這樣

養到天兵孩子，
雖然常氣得牙癢癢的，
但還是各人養的各人愛。
多欣賞他們的優點吧！

從小學到國中，幾乎每一次的學校日我一定到，除非遇到自己必須到別校演講。

每次我都先到姊姊的教室，抬頭挺胸、昂首闊步，因為不會有壞事，老師說的都是好事、讚美的話，所以我待的時間久一點。

快結束前一刻，我才鼓起勇氣，頭低低的，心一狠走入弟弟的教室，家長也快走光了。

即使這時進入，我也只敢坐最後一排，因為不知兒子又闖下什麼禍，老師又要告訴我什麼事了。我也覺得好丟臉。

「好啦！好啦！我會改的，下次你不會有這種感覺了啦！」

決心要改？怎可能？我也認了啦！諸如上課不專心、帶頭鬧同學、便當吃最後、一邊吃一邊看書……簡直是罄竹難書。

在還沒上小學時我就讓孩子戴手錶了，但我很納悶，兒子的手錶鏡面大概兩天固定會破一次，昨天才新買的，今天早上可以馬上破裂，買錶買到手軟，十多個跑不掉。

「怎麼撞的？撞到哪裡？」

「不知道。」

年紀還小的他，一律以不知道搪塞，我也認為可能是不小心揮到的，所以從頭到尾相信他是真的不知道。有一段期間我不敢買錶給他，屢試不爽，不出三天一定破。直到上小學，他的錶終於沒破了，我也覺得上天保佑，有一天突然跑來對我說：

「爸，早上我試過了，這錶還很耐撞的。」

天啊！我昏倒了，被這小子騙了兩、三年，差一點吐血。原來如此，只要我買新的，他一定先撞牆試硬度，要一個實驗結果。

「我只是想撞看看會不會破而已。」

他得到的答案是：果然會破。還好我都買最便宜的。

當初以為他是不小心弄破的，後來發現原來是故意的，小時候不敢講，怎麼問都不說。可能還在實驗之中，怕說實情後我不買了。

長愈大，膽子愈大，花樣愈多，有次居然互換我和太太的牙刷。當我刷牙時覺得怎麼牙刷毛變得軟又好刷，以為太太幫我換了新牙刷，心中還蠻感激的。向女兒炫耀：

「媽媽幫我換了新牙刷耶！」

因為太太以前不定時會有這個動作，當然我不覺得奇怪。哪知輪到太太洗澡時大叫：

「為何你用我的牙刷？」

「沒有啊！」我一頭霧水？

這時兒子已笑到不成人形，喜孜孜的站出來自首：

「我偷換的啦！以為爸爸會發現，哪知他居然沒反應？後來又忘了換回來。」

渾然不知的我，成了兒子的代罪羔羊。我昏倒、媽生氣、姊大笑、弟尷尬。

兒子小學五年級當班長，但秩序永遠殿後。

「你不會叫風紀股長出來管一管喔？」

「他自己也在吵。」

「那你不會叫他不要吵，啊！我知道，他們都不聽你的話，管不動。」

「才不是呢！他們最聽我的話了。」

「那就奇怪了。」

「因為我自己帶頭吵。」

天啊！他不是跟著吵，是帶頭吵，而且惡習延續到國中。

在國中一年級時，兩姊弟的教室剛好隔壁，有時在考試安靜時姊姊都聽得到弟弟被點名罰站，因為帶頭吵，全班鬧哄哄。女兒放學回來告訴我：

「弟弟今天『又』被罰站了。」我問他：

「被罰站不會覺得不好意思嗎？」

「很多人都站著，又不止我一個。」臉皮厚成這樣？氣死我也！

狀況多到我招架不住，有一次居然在家無聊拿橡皮筋瞄準，不小心彈到自己眼睛。第二天英文老師看他眼睛腫起來，問他眼睛怎麼這樣？

「橡皮筋彈的。」

「爸媽用橡皮筋彈你嗎？」

「不是，我自己弄的。」

「自己怎會弄成這樣？」

「就自己拉開橡皮筋瞄準電燈，應該是放掉左手才會發射出去，結果放錯手反彈回來。」

這一次眼球破皮，我帶他去看眼科。媽媽嘲笑他也許是第一名的代價，姊姊就不可能做這種事，真的是福禍無門，唯人自召。

國一升國二的暑假作業，老師要兒子全班抄生物課本做筆記，規定一定要寫滿六十張一百二十頁。兒子認為無聊、填鴨，都會了為何要死背？很笨。

他很排斥，擺明不想交這項功課，認為別人也不會交，所以一天拖一天，剩下八天就開學了只寫三張。

我不可能縱容他不交功課，只好規定他一天要拚出七張，不然那天不准出去打球。他寫得心不甘情不願，把「忿恨」抒發在筆記本裡最後一頁，準備給老師過目。連姊姊看了都驚嚇連連。

「你怎麼敢啊？」

「廢話！」弟弟信誓旦旦、理直氣壯的回答：「下輩子不要被我教到，功課出到你不用睡覺讓你寫死。」

最後一頁是這樣寫的：

寫這個也要花時間耶……整個筆記，讓人看得很舒服，是吧？圖好看字又漂亮。目的完成，這頁通融一下吧！我被禁了快一週的籃球，我好可憐。

以前打球打到衣服溼，現在是「萬華〇〇破衣溼」——詩句，我有學問。希望來日也為師生，但是我要當老師，預定好了。保重喔！我要出五本乘以兩百四十頁。千萬不要做惡夢，偷尿床喔！

好大的膽子，我也隨他塗鴉，開學當天早上我去翻來看，「撕掉了？」真沒種！重寫一頁簡化成沒幾個字：

寫這個也要花時間耶……最後一頁，讓人看得比較舒服，真白……。下輩子不要被「俺」教到！我要出十本乘以兩百四十頁。

結果這位被他心裡罵得很慘的老師，是國三幫他成為國家代表隊的推手，尤其生物是兒子的弱科。

國三下學期的壓力很大，週六日晚餐我們都會問兒子想吃什麼？遠的我騎車，近的一起走路自己去選。

這一次他要和我走路到超商買便當，順便帶兩顆茶葉蛋。便當我拿，兩顆茶葉蛋他拿，下著小雨，他右手拿著雨傘，左手拿著蛋卻不好好拿，以繞圈圈方式一路甩回家後，兩顆蛋不見了。

「蛋呢？」

「不見了。」兒子耍憨，一副很無辜的樣子也不明講。

姊姊很生氣的指著弟弟重要部位，對我說：

「不管啦！叫他那兩顆割下來賠啦！」

哇！開什麼玩笑，這麼狠？那個要傳宗接代的耶！

兩天後換我和女兒去買四顆茶葉蛋，女兒笑笑的警告我：

「不要像弟弟那樣丟了啊！」

怎麼可能一次丟四顆？那我怎麼夠賠？女兒不知在笑什麼。

一畦蘿蔔一畦菜，各人養的各人愛。養到這種孩子要跟他們生氣嗎？都生了也不能再塞回去，畢竟也是自己的種，將就點湊合湊合，多欣賞他的優點吧！雖然一路走來氣到牙癢癢的。

請先了解自己的先生

我常提醒來聽講的媽媽：
「要了解兒子前，
請先了解自己的先生。」
欣賞孩子，
可以像是結婚時欣賞先生一樣。

原本我兩個孩子都在客廳讀書，上國中後倚賴電腦的作業變多了，一個一個很自然的都跑進小書房了。

有時姊姊放音樂，弟弟嫌吵就跑出來客廳休息。好好在沙發上休息也就算了，他是眼睛休息，腦袋休息，手腳不休息，居然在客廳給我運球跑步。

粉絲都知道我家客廳比較寬，是打掉一間房間的結果，才造成到現在還四人同房及剩下一間書房。兒子在客廳打籃球，地板反彈的聲音震耳欲聾。

「客廳不要打球好不好？很吵耶！姊姊要怎麼讀書？」

兒子悻悻然的收起籃球，顯然非常不爽，限制東、限制西，綁手綁腳，沒同理心，不了解我們男孩子。

老實說我也看不下去了，不喜歡家裡是這種氣氛。我馬上私底下，小聲的對太太說：

「你不給他打，男孩子青春期精力旺盛，要想辦法解決，不是只有禁止；沒打是對姊姊好，但對弟弟不好啊……」

「你厲害？你來管！」揶揄我？

太太語氣有點動怒，口氣很不好的丟下這一句就走開了，認為我干涉她的作法，面子上也掛不住。

要低頭收回成命叫兒子打？很難！唯父命是從也會有死角，父母各行其是？也不對。

要取得平衡點、面面俱到，就必須想辦法，要會引導孩子該如何做，不是只有禁止怎麼做，便宜行事。

總不能叫孩子永遠逆來順受、壓抑自己，不然總有一天會炸得你體無完膚，時間的早晚問題而已。

我馬上要弟弟到大房間去打，打牆、打地板、跑步、運球……隨你，因書房和大房間中間又隔著客廳，門又關上，隔音效果很好，就算姊姊在讀書，天高皇帝遠也吵不到了。

就這樣我順利解決了我們家「四」個人的火氣，大房間也成了弟弟小型臨時過渡的籃球場。

當然，幸好我家是一樓，不然又換樓下的人要抗議了。

「每次我管孩子你就要干涉？」太太不解。

孩子在小的時候，只要太太罵小孩，我莫名火就一定上來，之後也會莫名其妙和太太吵架，好像是孩子的「人權律師」，替不會辯駁的他們出一口氣似的。

很奇怪，就是很不爽，不知道什麼原因，太太還怪我說只要罵孩子，我就會變成「忠誠反對黨」，專門唱反調。

一直到孩子讀國二時，我才恍然大悟，原來孩子行為太像我了。她罵孩子，就等於罵到我一樣，一直不舒服起來，想要反擊回去，因為你一次罵到兩個人。

你覺得錯，可是我認為孩子是對的啊？我從小行為模式就是如此，孩子只不過是以前的我罷了。聽你的或聽我的？還是聽吵贏的人的？

知道原因後，如何改善這對母子及我和太太心中的結？也讓她接受兒子種種的調皮行為？我只告訴她一句話：

「恁尪嘛是安ㄋㄟ大漢ㄟ！（台語「你先生也是這樣長大的」）。」

太太當頭棒喝！原來喔！「其中必有緣故，機關放在倉庫。」事後告訴太太一些小時候調皮的故事。

我四歲前，先母已當女老闆，開店做裁縫，經濟上還算可以。加上她對孩子從不吝嗇，尤其對唯一男孩的我，從小就有魚肝油吃。

四十多年前魚肝油是奢侈品，但我不是拿來吃，我是整瓶倒出來當彈珠打，奶瓶喝完後不是去洗，而是拿來裝滿沙子玩耍。

有時想想，孩子就是天真，純粹好玩，不會考慮後果。我也曾經在小學時，當大姊坐在椅子，雙腳放在床上時，我可以為了好玩，抽走椅子讓她跌倒大哭，我則在一旁拍手大笑。

其他還有什麼壞事，我以前沒做過？頂嘴、說謊、打架樣樣來，哪一樣不會？我告訴太太，兒子是正常的，不正常的是你。所以我演講時，常提醒在座的媽媽：

「要了解兒子前，請先了解自己的先生。」

當場就有一位白目的媽媽問我：

「萬一了解先生後，還是無法了解兒子呢？」

「那可能要帶兒子去驗ＤＮＡ了。」我開玩笑的回答。

去年九月到台中龍峰國小，演講完後一位媽媽很厲害，一直跟著我找我聊天一直到上車。

她說自己憂鬱很久了，聽了我的「遺傳理論」後才豁然開朗，原來之前會被自己兒子氣到爆，原因就是：

「原來他這麼像我老公！」

我聽了後笑一笑，也提醒她：

「既然你會嫁給你老公，當初必有你欣賞之處。既然這麼愛你老公，也請你包容他以前的過去，這麼想就不會生氣了。」

她聽了一直點頭，我也就接著說：

「要不然你嫁給他，卻又排斥他的成長過程，不是自相矛盾嗎？如果是這樣的成長背景，才能造就如此優秀的老公，那又何錯之有？」

她高興的告訴我，日後只要我到台中演講，她都負責我的全程接送。

聽眾有人從彰化來，開了一小時的車；也有人拉了先生一起來。珍惜的不怕遠，不珍惜的住隔壁也不願來。

所以太太常告訴孩子：

「以前我還沒結婚時，多有氣質，結果生下你們後就成為母老虎，整天潑婦罵街了。」

我們聽了都快吐出來了。她還說孩子本來就應該乖乖的，像她以前小時候就很乖。

我笑她那不叫「乖」，叫「笨」！就是以前這麼乖，現在才這麼普通。

普通人如何了解資優生的行為呢？要是兒子像你以前那麼乖，將來就像你現在這麼普通。

她自己笑了。

從一開始否認、默認到現在承認。其實岳母偷偷告訴我，以前太太三歲時很「壞死」（台語），國語叫「難帶」，只不過自己不承認罷了。

太太和兒子的磨合期到國二上才結束，除了零星的擦槍走火外，大致能了解接受，能接受就能將心比心，就能體諒，一切雨過天青了。

上明不知下暗，小水不容大舟。如果只陷於自己認知的框框裡，不通盤澈底了解，當你的孩子會很痛苦，你也不可能快樂的。

面對調皮不是只能罵

調皮的孩子其實很聰明，只欠引導及規劃，讓他們把精力導入學習，不但情況會改善，還能開出一片天。

在小六及國一期間，兒子和太太幾乎天天吵架、對槓，兩人就是不對盤，無法接受兒子的一些脫序行為。

「人家以前父母說一句，我們就聽進去乖乖的照做，現在孩子講十句還不聽。」

太太自認為以前根本不會像兒子這麼調皮、講不聽，怎麼不像女兒這種乖乖牌呢？

因為看不慣，火氣自然來，一來就開罵，總以媽媽身分壓孩子。

「我怎麼會生出這種兒子？」

有次兒子在讀書時，一直唱歌又碎碎唸，影響到姊姊。媽媽看不下去。

「你可不可以少說話、多做事？」

「可以啊！」

下去了。

結果他真的不說話，然後開始以手把玩椅子出怪聲音，非常刺耳。媽媽又看不下去了。

「你一定要動那張椅子嗎？」

「你不是說少說話，多做事？我沒說話了，手在做事啊！」

媽媽氣炸！兒子的下場可想而知，就是欠罵。

太太當初不了解兒子，八字不合的他們天天有好戲。兒子筷子不小心掉了一根，「ㄎㄧㄤ……」，金屬材質發出巨響，媽媽沒罵好奇怪。

第二根，他「故意」摔得很重，果然惹得媽媽忍不住破口大罵，兒子反而在旁竊笑，我還提醒太太：

「你中計了。」

太太的火更大，現在是「火上加油」。

兒子故意戲弄媽媽，有時會出怪聲讓媽媽罵，他就好爽，認為有人理他，中計了好高興，媽到後來知道了不甩，他反而不習慣。不罵我？怪聲愈大。

「媽！你不覺得好吵喔？」

「不會咧！請繼續，我覺得蠻有節奏感的。」

兒子反而不製造噪音了，無趣。我大概都知道兒子下一步的動作是什麼？

「媽媽不理你，不好玩，對不對！」我對兒子說。
「爸！你怎麼知道？」兒子好奇的問。
「你爸以前什麼把戲沒做過？我也是這樣長大的！」
兒子唱歌有如牛叫，相去不遠。一元給他，拜託他不要唱了，他又嫌少，變本加厲唱愈大聲，魔音傳腦讓人受不了，一天來個幾次直到有人理他、罵他才爽。
起先我們確實都唸他、罵他，叫他小聲點，但他會故意更大聲或休息一下，過了十分鐘又來了，覺得很好玩。今天停了，明天又來，沒用！
這一天放學後「牛叫」又開始了，我要太太不要理他，又跑到姊姊那裡，我已先交代她不要理弟弟。果不其然，叫了五分鐘後愈叫愈小聲，覺得無趣後自動找台階下。
「我嘴巴好痠、好累ㄋㄟ！怎麼沒人理我？不好玩。」
媽媽還嚇他說，已錄下怪聲，要放到網路供眾人點閱。他開始緊張逼我們交出帶子，之後他收斂甚多，自言說好無聊、沒中計。兒子自己坦言：
「有時是故意調皮看你們會不會罵我？你們罵了我，晚上睡覺就不會胡思亂想；如果沒罵，我就賺到了。」這是什麼邏輯心態？我不太了解，只知他腦子停不下來，有時在床上要躺上一、兩個鐘頭才能睡著，被我們罵一罵，難過、傷心，轉移注意力後很容易睡著。

唉！原來他喜歡調皮被罵是有不得已的苦衷，只為了好睡。

有一次他在門外一直敲門，我也故意不開門，學他一直敲，兩人僵持了近十分鐘，他先讓步不敲，知道我的作法後，他也不再有第二次了。

三年前有位媽媽很頭痛，在我演講後問孩子很皮怎麼辦？我都還沒回答，這位五歲的調皮小孩，已經把後面所有的椅子一張一張的翻倒了，媽媽看了束手無策，只會直搖頭。

我先恭喜她，孩子很聰明，只是欠引導及規劃，一定是你自由放任，沒有提前讓孩子學習，加深加廣，而使孩子精力過剩，時間太多無所事事，可學我們孩子一樣，把精力導入學習，情況會改善許多。

「可是我要上班沒空啊？」

我也很無奈，孩子今天會這樣最大原因，就是你的沒空，沒空教育自己的孩子，那孩子這樣能怪他嗎？很自然正常的事，知道原因想解決又不想花時間，問我也是白問，很可惜。

還好，願意有空的我，孩子沒這種暴力式調皮，也讓我從中學習如何調教他。調皮的兒子常回我一句話：

「哪有一定？」

我以前常告訴他，不讀書又不努力，萬一以後長大變乞丐怎麼辦？沒出息又被人瞧不起？難道你要反駁我說哪有一定？乞丐也會變皇帝，朱元璋啊！是嘛？以人類歷史幾千年來談，是乞丐變皇帝比例高？還是不變皇帝高？答案很清楚。以一件特例事件來反駁是硬拗失準的。

有的父母不會回答孩子的話，最後變成聽孩子的話，讓孩子下主導棋。

前天我到新北市一所國小演講完，一位媽媽還告訴我，她就是有這方面困擾，小一的兒子很聰明，他的話自己無法回答，弄得自己沒有台階下而惱羞成怒、大發雷霆，氣氛很僵，要我教她。

有時間的話，我還會寫我的第六或第七本書《媽媽不會回答的話》來和大家分享，因為有這方面有困擾的媽媽非常多。

了解孩子調皮的原因，多包容體諒和孩子相處，孩子是石頭還是鑽石，端看父母怎麼耐心精雕細琢了。

附錄

我對教育的一些想法

・很多人稱讚我們把孩子功課輔導得很成功，錯！女兒是我輔導她的態度很成功，兒子是我輔導他的情緒很成功；至於分數，那都只是附加價值。

・我對孩子的學習，要求就是這三件事：一是態度，二是方法，三是習慣。方法錯了，花再多錢也沒用，反之方法對了，也不必花什麼錢。

・孩子能認真，有時間消化吸收及睡覺，就能發揮自己想要時的力量。所以是沒有「能不能」，只有「要不要」。孩子自己想要時，力量才是最大的。

・補習必須是要補上自己欠缺的那一塊，而不是囿於課本上的東西，一直繞、一直重複、反覆的練習，浪費時間，最後變成考試機器。

・家長不該花力氣追求孩子的高分，而是該培養孩子的創意和其他素養。補習必須是孩子自己想補的，而不是父母逼著來補的。

・只要孩子願意把心中的不滿說出來，我都接受，難聽比憋在心中不說好多了。大家一起想辦法解決，負責傾聽也不刺激孩子。

・人生經驗是用錢也買不到的。孩子愛撒嬌，就讓他抒發心情也好。以前會覺得很煩，現在習慣了。

・面對問題，才是最好的解決方式。人生只要能重新來過的事，都不是大事，把身心顧好才是重點。

・可以失敗，但不能被打敗，失敗一時，失志是一輩子。只要願意開始起步，都還有機會敗部復活，甚至逆轉勝！你我或孩子都是一個可能。

・如果你沒堅持、沒態度，將來孩子失敗，就不能怪孩子。因為是你的關係。你教他的，他學你的。

・孩子的成熟、長大，需要父母的引導及陪伴，尤其是情緒，太早放手反而是一個錯誤。

・許多孩子不知道讀書的好處，其實讀書不但可以脫貧，還可以一夕翻身。每個孩子都是一個可能，不要輕言放棄。

・我的教育理念很簡單：拉資質不好的一把，資質好的，拉他更上一層樓。

・教材相同，孩子也差不多資質，為什麼效果不同？其實重點是父母的用心及努力程度。

・父母難為這句話，是努力「為」過的父母，才有資格講的。只檢討孩子，不檢討自己，是絕對不會成功的。

・不要一直找藉口，沒時間、沒空、不會教……不然以後也不能要求孩子一定要很好，他們「也許」好、「可能」好，不一定好。沒有付出，哪來收穫？

・教養沒有捷徑，一切都必須真心投入，不管是時間或是感情，如此才能體會，什麼叫作血濃於水。

・孩子聽你的話？沒用，他們只有小時會聽。要服你的話，才能走一輩子。你要先贏得孩子的信任和尊重，他們才會走在你希望他們走的路上。

・即使有陪孩子，要是沒陪好、沒陪對，或某個環節出問題，方法錯誤或不夠堅持，少一個步驟，都是白陪了。

・不管孩子做什麼，只要盡心、盡力、認真、負責，就算失敗我也接受，另起爐灶也OK，就是不可以給我「混」。

・因為挫折，所以成長；因為惜福，所以感恩。成績、分數會過去，能力、習慣卻是一輩子。

・很多直昇機父母，永遠是孩子背後的影舞者，事事出手、處處接手、如影隨形、放手不了，不敢給壓力，永遠是大人幫孩子頂著，孩子沒機會長大，也不可能長大。

・很多父母都說沒時間，但總要抽個時間照顧孩子，孩子才會服從你。要讓孩子服從你，而不是一味用權威。

・愈強硬的孩子愈不怕強，他們只怕弱者。利用傾聽和幽默，不必硬碰硬反而得到更多，靠大人的智慧化解衝突才是真功夫。

・了解孩子調皮的原因，多包容體諒和孩子相處，孩子是石頭還是鑽石，端看父母怎麼耐心精雕細琢了。

文經社

文經文庫 A286

不補習也能教出金牌兒

作　　者 — 徐權鼎
主　　編 — 管仁健
美術設計 — 游萬國
出 版 者 — 文經出版社有限公司
登 記 證 — 新聞局局版台業字第2424號

總社・業務部
地　　址 — 241 新北市三重區光復路一段61巷27號11樓A（鴻運大樓）
電　　話 — (02)22783158・22783338
傳　　真 — (02)22783168
E－mail — cosmax27@ms76.hinet.net
郵撥帳號 — 05088806 文經出版社有限公司
印 刷 所 — 松霖彩色印刷有限公司
法律顧問 — 鄭玉燦律師 (02)2915-5229

定　　價：新台幣 240 元
發 行 日：2012 年 4 月 第一版 第 1 刷
2017 年 5 月 第一版 第 4 刷

國家圖書館出版品預行編目資料

不補習也能教出金牌兒 / 徐權鼎 著.
--第一版. --台北市：文經社，2012.4
面；　公分. --（文經文庫；A286）

ISBN 978-957-663-666-0　（平裝）

1. 親職教育　2. 補習教育

528.2　101002921